上海对外贸易学院资产评估专业系列教材

资产评估模拟实验

主编　冯体一

中国商务出版社

中国·北京

图书在版编目（CIP）数据

资产评估模拟实验／冯体一主编．—北京：中国
商务出版社，2012.6
　　上海对外贸易学院资产评估专业系列教材
　　ISBN 978-7-5103-0742-3

　　Ⅰ.①资…　Ⅱ.①冯…　Ⅲ.①资产评估-高等学校-
教材　Ⅳ.①F20

中国版本图书馆 CIP 数据核字（2012）第 141010 号

上海对外贸易学院资产评估专业系列教材

资产评估模拟实验

ZICHAN PINGGU MONI SHIYAN

主编　冯体一

出　　版：中国商务出版社

发　　行：北京中商图出版物发行有限责任公司

社　　址：北京市东城区安定门外大街东后巷 28 号

邮　　编：100710

电　　话：010—64269744　64218072（编辑一室）
　　　　　010—64266119（发行部）
　　　　　010—64263201（零售、邮购）

网　　址：www.cctpress.com

邮　　箱：cctp@cctpress.com

照　　排：嘉年华文排版公司

印　　刷：北京市松源印刷有限公司

开　　本：787 毫米×980 毫米　1/16

印　　张：11.25　字　数：196 千字

版　　次：2012 年 6 月第 1 版　　2012 年 6 月第 1 次印刷

书　　号：ISBN 978-7-5103-0742-3

定　　价：22.00 元

前　言

　　"资产评估"是一门理论与实践结合非常紧密的学科，它既要解决"是什么"、"为什么"等理论问题，还要解决"如何做"等实际操作问题。作为一门职业或企事业单位资产管理相关岗位的工作，资产评估对训练有素的专业人员无疑有着较大的需求。满足当今社会对技能型人才的需求，同时探寻一种新的教学方法和实训方式，即让学生在模拟演练中认知世界、释放潜能并掌握应有的技能，是现实对该学科及其专业建设的新要求，而资产评估模拟实验教学正是对新要求的最好响应。

　　资产评估是一项科学性、系统性、程序性的工作，从业务受理到评估报告的提交，都有着一整套的工作程序和规范。对工作程序与规范的遵守是资产评估机构及其评估人员应当具备的最基本科学素养。而通过应用资产评估教学软件进行模拟实验学习及实际操作，让贴近实际的资产评估业务走进校园，不但为资产评估专业教学提供了新的模式，对理论教学提供了有益的补充；而且在加深学生对资产评估学科的有关概念、理论、评估方法及适用条件理解的同时，引导学生通过对资产评估软件的使用，熟悉并遵循资产评估业务操作流程、工作规范，从而使其提前具备了从业的基本科学素养和一定的执业能力，并提高了对所学专业的兴趣，为今后参加资产评估实践工作奠定了坚实的基础。

　　目前，市场上关于资产评估模拟实验的书籍仅有寥寥数本，或偏重于应用相关资产评估软件进行各类资产评估的流程和方法介绍，或突出不同类型资产的具体评估细节。而本书不同于现有同类图书的突出优点在于：一是针对不同的教学对象，根据由简到繁的原则，设置了资产评估基础实验、中高级实验和研究型实验三个层次的模块及对应的教学方案，以期通过不同层次的资产评估实务模拟训练，培养不同层次资产评估实践应用能力。二是在实验教学内容安排上，既包括了着重训练学生熟悉资产评估操作流程的程序性实验教学，又针对不同资产类型，由简到繁地囊括了机电设备、房地产、无形资产和企业整体价值的评估实验教学，其中每部分的实验教学内容包括实验教学目的和教学步骤，同时辅以源自实务界的真实案例，并根据不同评估目的和资产类型进行基于软件的评估模拟。三是每个案例都给出了评估方法的选择理由，突出了资产评估的十大要素、评估软件的应用要点和具体评估步骤，解析了评估的重点和难点，布置了实验任务及可交付物。

本书主要供从事资产评估实验教学的教师用书，也可以作为资产评估专业学生自学用书，还可以作为资产评估机构实务操作者和企业内部价值评估人员的参考读物。本书既有利于教师的教学，又有利于读者自学，即使是缺乏资产评估知识的读者，也能从本书的简明阐述中理解有关资产评估的基本知识和原理。

本书的编写得到了上海对外贸易学院及下属金融管理学院的大力支持，在此深表感谢。参加本书撰写的主要人员有：上海对外贸易学院金融管理学院资产评估专业组应尚军、嵇尚洲、潘渭河、龚国光、唐旭君、冯体一。其中，第一章、第二章第一节程序性实验教学部分由冯体一撰写，第二章机电设备评估实验教学部分由潘渭河、冯体一撰写，第二章房地产评估实验教学部分由唐旭君、冯体一撰写，第二章无形资产评估实验教学部分由龚国光、冯体一撰写，第二章企业价值评估实验教学部分由应尚军、嵇尚洲、冯体一撰写。最后，全书由冯体一进行总撰和定稿。

上海对外贸易学院

冯体一

2012 年 3 月 6 日

目　　录

附件1：上海新江湾城 D1 地块的背景资料

附件 2：ABC 物流有限公司股权收购项目的评估说明

附件3：中国移动股份有限公司背景资料

1. 实验教学方案

　　教学方案是教师实施教学的主要依据，是教师对教学过程的计划与安排，而"教无定法"的特点决定了教学方案的设计应当具有多样性，故良好的教学方案应体现为内容简明、准确到位，起到既能减少教师备课工作量，又能提高教师教学工作效率的作用。实验教学与理论教学紧密相连，同时又有自身鲜明的特点，即作为对理论的实践、验证和发展手段，尤其强调学生动手能力的培养，通过激发学生主观能动性来发现和解决实际的问题，故实验教学方案的设计应突出该特点。

　　针对不同的教学对象，根据由简到繁的原则，本课程设置了资产评估基础实验、中高级实验和研究型实验三个层次的模块及对应的教学方案，以期通过不同层次的资产评估实务模拟训练，培养不同层次的资产评估实践应用能力。

1.1　《资产评估基础实验》课程教学方案

　　课程名称（中文）：资产评估基础实验

　　课程名称（英文）：Fundamental Experiments for Assets Appraisal

　　预修课程：资产评估、高等数学、微观经济学、基础会计学、财务管理、统计学原理等

　　修读对象：非资产评估专业（选修）

　　建议学时：20 学时

　　主要内容：

　　本课程包括：资产评估理论提要、资产评估程序性实验、单项资产评估实验三部分，旨在通过理论回顾、案例模拟、软件辅助（本课程采用鼎信诺资产评估软件，以下简称"鼎信诺"）完成特定单项资产的价值评估，具体包括：市场法、成本法、收益法三种基本资产评估方法在各单项型资产（主要

包括机电设备、房地产和金融资产）评估中的应用，目的是使学生熟悉资产评估操作的基本技能、评估要点和评估流程，熟悉工作底稿的制作，加深对资产评估报告书基本格式的理解与掌握，巩固对所学资产评估基本原理、基本技术方法和理论的理解和认识，激发学生对资产评估专业的兴趣。

教学目标：

（1）通过本实验课程的学习，让学生参与具体的单项资产评估业务，使学生对资产评估基本理论、基本流程、基本方法等有一个初步的整体认识，加深其对资产评估相关理论知识在资产评估实务操作中作用的理解，凸显单项资产评估的实际操作能力。

（2）使学生基本掌握市场法、成本法、收益法三种基本资产评估方法及应用。

教学模式：

以教师课堂讲授和学生动手参与为主，辅之以与实验教学内容相应的课堂讲解分析、课后作业。其中，教师首先对资产评估理论提要知识进行回顾，加深学生对资产评估基本原理、基本技术方法和理论的理解和认识，并着重讲解单项资产评估的操作程序和关键评估环节、评估要点，使学生在实际操作过程中通过不断练习以及与教师的交流，加深对于某一单项资产评估操作技能的认识，能区别各类单项资产所适用的主要评估方法；熟悉评估软件的操作界面和解决操作过程中可能遇到的主要问题，熟悉资产评估报告书的基本格式，熟悉工作底稿的制作，达到掌握基本资产评估实践技能的目的，为学生进一步学习和工作打下坚实的基础。

学生须知：

在教师的指导下，按教学方案的要求，认真完成实验任务；做好准备工作，积极参与，认真思考实践中可能遇到的问题；严格考勤制度，按规定时间和内容进行资产评估模拟实验。

1.2　《资产评估中高级实验》课程教学方案

课程名称（中文）：资产评估中高级实验

课程名称（英文）：Senior and Advanced Experiments for Assets Appraisal

预修课程：资产评估、高等数学、微观经济学、基础会计学、财务管理、统计学原理等

修读对象：资产评估专业（必修）

建议学时：36 学时

主要内容：

本课程包括资产评估理论提要、资产评估基础实验、单项资产评估实验和整体资产评估实验四部分，可作为资产评估专业学生的必修课程。该课程在《资产评估基础实验》课程的基础上增加了无形资产评估实验和企业价值评估实验（即整体资产评估实验），其中企业价值评估主要按照企业类型（如：多元经营公司、网络公司、周期性公司、国外子公司、新兴市场公司、银行、保险公司等的价值评估）和不同评估目的，多视角、多方面地对学生进行综合技能训练，使资产评估专业的学生掌握更加全面的资产评估实务操作；通过充分调动学生学习的积极性、能动性，培养学生独立发现、分析并最终解决问题的能力，使其初步具备资产评估专业的实务操作能力和职业判断能力，从而有利于学生将来从事评估专业实务工作。

教学目标：

（1）通过本实验课程的学习，让学生熟练掌握除单项资产评估业务外的无形资产和企业整体价值评估业务的评估流程和各注意要点，具备从事资产评估工作的基本素养，达到熟悉和解决评估中可能会遇到的各种问题的实际操作能力。

（2）使学生熟练掌握市场法、成本法、收益法三种基本资产评估方法及应用，能够比较不同类型资产估值的差异和特点，具备根据不同环境及目的灵活运用评估基本理论、应用技巧的能力。

教学模式：

以教师课堂讲授和学生动手参与为主，融合参与式教学、互动式教学、任务驱动式教学等多种教学方法。首先，教师对资产评估理论部分进行简要回顾，其次，通过上机操作使学生熟练掌握基础实验的操作流程和各注意要点。在此训练基础上，教师重点讲述不同类型及不同评估目的下企业整体价值评估中各方法、参数、指标的选取，并通过创设各种配套实例让学生反复操练，培养学生运用所学理论知识分析、判断和选择方法、参数、指标的能力；使学生全面掌握资产评估专业知识及实务操作技能，具备独立分析解决问题的能力和一定的执业能力。

学生须知：

在教师的指导下，按教学方案的要求，认真完成实验任务；积极参与互动，大胆思考，做好准备工作，勤于思考、讨论实践中可能遇到的问题；严格考勤制度，按规定时间和内容进行资产评估模拟实验。

1.3 《资产评估研究型实验》课程教学方案

课程名称（中文）：资产评估研究型实验

课程名称（英文）：Research-Oriented Experiments for Assets Appraisal

预修课程：资产评估、高等数学、微观经济学、基础会计学、财务管理、统计学原理、计量经济学等

修读对象：资产评估专业研究生（选修）

实验总学时：16 学时

主要内容：

本课程包括资产评估理论提要、资产评估基础实验、基于热点评估问题的模拟实验和基于难点评估问题的模拟实验四部分，适用于有志于资产评估研究的学生。其中，所谓热点评估问题是指随国内外经济金融环境变动而产生的资产评估新问题、新现象及其延伸，如：房产税税基、亏损公司、文化资产、不良金融资产的评估问题等。难点评估问题是指现有资产评估理论及实践中涉及评估方法、评估对象等尚未解决的评估难点问题，如：收益法中预期收益率、折现期限的确定、折现率的选择，重置成本法中成新率的确定，市场法中参照物的选择、无形资产的价值贡献分割等；期望借实验模拟手段，交叉应用跨学科知识，探索妥善解决这些热点、难点问题评估的有效途径，从而提高资产评估值的合理性和公允性。该课程的关键是充分利用实验手段提升资产评估专业组教师及有志于该领域研究的学生（研究生）的科研水平，并为资产评估学术研究提供一个实验平台。该课程的开展需待条件成熟后进行。

教学目标：

（1）通过本实验课程的学习，使学生真正形成系统的专业思维方式。

（2）通过锻炼学生创新意识，提升学生自我学习与知识扩展的能力，尤其是综合运用交叉学科知识，创新地解决实际评估问题的学术能力。

教学模式：

教师应坚持传授知识与学生创新能力培养相结合的原则。主要通过讲解、分析资产评估的最新前沿理论、评估实践中发现的新问题、热点问题，引导学生通过实验手段探究解决评估新问题、难点问题的科研能力。

学生须知：

在教师的指导下，按教学方案的要求，认真完成实验任务；积极参与，大胆思考，热烈讨论，创新地解决实际评估问题；严格考勤制度，按规定时间和内容进行有关评估模拟实验。

2. 实验教学内容

实验教学内容包括四部分，即程序性实验教学、机电设备评估实验教学、房地产评估实验教学、无形资产评估实验教学和企业价值评估实验教学。

2.1 程序性实验教学

所谓程序性实验教学是指运用"鼎信诺"软件，引导学生按照新项目建立及保存、项目准备（生产格式文件、填写企业明细数据）、评估流程（接收数据、评定估算、分析评估结果、后续工作）的软件操作顺序，对给定资产价值予以评估。目的是通过运用来自实际的资产交易活动案例，使学生通过熟练运用"鼎信诺"软件掌握资产评估的基本方法、基本流程和基本技能，熟悉工作底稿的制作、整理与归档，熟悉资产评估评估报告书基本格式、编制与提交，增强对资产评估基本理论的理解，最终达到掌握基本评估实践技能的目的。

2.1.1 程序性实验教学的目的

通过应用"鼎信诺"教学软件进行资产评估模拟实验的学习和实际操作，使学生熟练掌握用软件进行给定资产估值的操作基本技能、评估要点和评估流程，加深对所学资产评估基本原理、基本技术方法和理论的理解和认识，提高对所学专业的兴趣，具备一定的资产评估操作能力，为今后参加资产评估实践奠定基础。

2.1.2 程序性实验教学的步骤

一、实验说明

由教师在实验课堂上进行，主要教学内容如下：

（一）说明实验目的

不仅要说明上述"实验教学目的"，而且要说明针对不同教学案例所设的特定的实验目的。程序性实验教学的目的就是让学生熟悉"鼎信诺"软件的基本评估流程、主要功能等。

（二）评估软件介绍

详细介绍北京鼎信诺科技有限公司的"资产评估系统"，让学生初步熟悉该评估系统的主要功能、基本流程。详情参见《资产价值评估模拟软件操作手册》。

（三）案例演示

通过案例演示让学生熟悉为实现"实验目的"的全部评估过程，案例演示的具体内容可参见"鼎信诺"公司提供的《资产价值评估模拟软件操作手册》。

在案例演示过程中，教师应向学生详细阐述数据收集、方法选择、方法运用等方面的要点，同时进行分析和讨论。

在数据收集方面，阐述除了教学案例所提供的数据之外，还可以通过何种渠道（如现场勘查、实物调查等）收集数据。在方法选择方面，针对特定的"实验目的"阐述方法选择的考虑因素。在方法应用方面，主要涉及评估参数的选择，须阐明在当前的实验教学案例中，哪些评估参数的选择值得重点关注。在软件应用方面，指出在当前的教学案例中，需要重视应用软件的哪些功能。

此外，还可针对具体案例的内容做专业术语释义和重点难点解析。

（四）布置实验任务、实验的可交付物

根据案例资料说明的内容布置相关实验任务，提供类似的实验背景材料和实验数据，该材料和数据可以另行设计，也可以在演示案例的基础上做改动。在此要明确学生于何时何地提交可交付物，可以是"评估明细表"、"评估说明"、"评估报告"，"评估工作底稿"等，而且一般应包括实验汇报用的PowerPoint 文档。

PowerPoint 文档的主要内容为：

① 基本情况介绍

说明评估背景、评估目的、评估范围、评估依据、评估原则，及评估值应该归属的价值类型。

② 实验（评估）过程介绍

③ 评估方法选择及应用阐述

④ 评估结果

⑤ 对评估值进行判断，以确定其价值类型

⑥ 交代评估假设

（五）实验分组

一般由 5～6 人组成一个实验小组，具体分组方法由教师确定。

二、实验运行

由学生在课堂外（可在实验室）进行评估实验。期间，可以通过多种方式进行师生间的沟通，具体沟通方式包括：资产评估课程网络平台中的相关栏目，比如"价值评估实验"栏目、"讨论版"栏目；E-mail；QQ 即时通讯工具；电话；微博等。

三、提交可交付物

四、小组答辩

每个小组均对各自的实验情况进行答辩，答辩形式由各小组自由选定，可以形式多样。

五、实验总结

学生相互间点评、教师点评，找出不足之处，力争改进。

2.2　机电设备评估实验教学

2.2.1　实验教学的目的

使学生在理解机电设备及其评估特点的基础上，熟悉机电设备价值评估中基本数据、重要参数的获取及分析处理，重点掌握运用成本法进行机电设备评估的基本内容、基本程序和基本方法，熟练掌握运用"鼎信诺"评估软件对给定机电设备评估对象进行评估的基本流程和评估要点，并能对评估结果进行科学合理的分析和判断。

2.2.2　实验教学的步骤

一、实验说明

由教师在实验课堂上进行，主要教学内容如下：

（一）说明实验目的

不仅要说明上述"实验教学目的"，而且要说明针对不同教学案例所设的特定的实验目的。例如，机电设备评估实验教学案例 1 的实验目的是以"鼎信诺"评估软件为工具、以成本法为评估方法对机电设备价值进行评估。

（二）案例演示

通过案例演示让学生熟悉为实现"实验目的"的全部评估过程，案例演示的具体内容可以在"实验教学案例"中进行规定。

在案例演示过程中，教师应向学生详细阐述数据收集、方法选择、方法运用等方面的要点，同时进行分析和讨论。

在数据收集方面，阐述除了教学案例所提供的数据之外，还可以通过何种渠道（如现场勘查、实物调查等）收集数据。

在方法选择方面，针对特定的"实验目的"阐述方法选择的考虑因素。例如，在进口机器设备价值评估实验教学案例1中，被估进口机器设备处于正常使用状况，拟用于对外投资，加之其设备名称、规格、成本等历史资料齐备，必要耗费可以计量，符合成本法的使用条件，故采用成本法进行价值评估。在方法应用方面，主要涉及评估参数的选择，须阐明在当前的实验教学案例中，哪些评估参数的选择值得重点关注。在软件应用方面，指出在当前的教学案例中，需要重视应用软件的哪些功能。此外，还可针对具体案例的内容做专业术语释义和重点难点解析。

（三）布置实验任务、实验的可交付物

根据案例资料说明的内容布置相关实验任务，提供类似的实验背景材料和实验数据，该材料和数据可以另行设计，也可以在演示案例的基础上做改动。在此要明确学生于何时何地提交可交付物，可以是"评估明细表"、"评估说明"、"评估报告"，"评估工作底稿"等，而且一般应包括实验汇报用的PowerPoint文档。

PowerPoint文档的主要内容为：

① 基本情况介绍

说明评估背景、评估目的、评估范围、评估依据、评估原则，及评估值应该归属的价值类型。

② 实验（评估）过程介绍

③ 评估方法选择及应用阐述

④ 评估结果

⑤ 对评估值进行判断，以确定其价值类型

⑥ 交代评估假设

（四）实验分组

一般以5~6人组成一个实验小组，具体分组方法由教师确定。

二、实验运行

由学生在课堂外（可在实验室）进行评估实验。期间，可以通过多种方式进行师生间的沟通。具体沟通方式包括：资产评估课程网络平台中的相关栏目，比如"价值评估实验"栏目、"讨论版"栏目；E-mail；QQ 即时通讯工具；电话；微博等。

三、提交可交付物

四、小组答辩

每个小组均对各自的实验情况进行答辩，答辩形式由各小组自由选定，可以形式多样。

五、实验总结

学生相互间点评、教师点评，找出不足之处，力争改进。

2.2.3 实验教学案例

案例：进口机器设备评估

一、实验目的

掌握在"鼎信诺"评估软件的支持下，运用成本法对进口机器设备价值进行评估，以便为设备拥有者将设备用于对外投资报价提供价格参考依据。

二、案例演示步骤

（一）介绍背景资料

B 公司欲以公司拥有的进口机器设备等资产对外联营投资，故委托某评估机构对该进口设备的价值进行评估，基本数据如下：

设备名称：图像设计系统

规格型号：STORK

设备产地：A 国××厂家

启用日期：1998 年 7 月

账面价值：11 000 000.00 元

账面净值：9 000 000.00 元

评估基准日：2000 年 11 月 30 日

（二）介绍资产评估八大要素

评估主体：某某资产评估有限公司。

评估客体：即评估对象，这里指 B 公司拥有的进口机器设备。在评估对象确定后，可以进一步确定评估范围，本案例的评估范围是评估基准日 B 公司拟用于对外联营投资的进口机器设备。

评估依据：法律法规、经济行为文件、重大合同协议及取费标准、其他参考依据等。

评估目的：为某公司将其拥有的进口机器设备用于对外联营投资报价提供价格参考依据。

评估原则：独立性、客观公正性、科学性及需要遵守的技术原则。

评估程序：项目委托、资产清查、评定估算、撰写和提交评估报告。

价值类型：从评估目的来看，委托人希望用该进口机器设备用于对外联营投资，结合被评估资产的特点、现有评估条件和所选定的评估方法，评估机构经过分析认为，该进口机器设备评估项目的价值类型属于市场价值。

评估方法：评估机构根据掌握的资料，经调查分析后，决定采用成本法评估。成本法（Cost Approach）是指通过估算被评估资产的重置成本和资产实体性贬值、功能性贬值、经济性贬值，将重置成本扣减各种贬值作为资产评估价值的一种方法。

（三）说明评估软件的应用要点

通过该案例需要掌握鼎信诺资产评估系统中的以下功能：

1. 业务流程

从评估软件的应用角度，掌握资产评估的三个业务流程，它们是：

（1）创建项目

（2）评定估算

（3）导出评估结果

2. 评估明细表的选择、设置以及数据处理

（四）具体评估步骤

1. 重置全价的计算

根据设备技术参数，并向 A 国××厂家询价后，得到 FOB 价为 EUR（欧元）560 000.00 元，按评估基准日汇率计算，折合 USD（美元）约为571 000.00元，国外运输费率取 5.5%，国外运输保险费率取 0.4%（基数为FOB 价＋国外运输费）。

CIF 价＝FOB 价＋国外运输费＋国外运输保险费

评估基准日美元与人民币汇率中间价为 8.2789。

重置现价＝CIF 价＋银行财务费＋外贸手续费＋海关监管手续费＋
　　　　　商检费＋国内运杂费＋国内安装调试费
　　　　＝[FOB 价×（1＋国外运输费率）×（1＋保险费率）×基准日
　　　　　外汇汇率]×（1＋银行财务费率＋外贸手续费率＋海关监

管手续费率＋商检费率＋国内运杂费率＋安装调试费率）

重置全价＝重置现价＋资金成本

① 关税及增值税：被评估设备根据《当前国家重点鼓励发展的产业、产品和技术目录》及《中华人民共和国上海海关公告——外商投资项目不予免税的进口商品目录》规定，除设备控制系统中的微型计算机不予免关税外，其余机器设备均予免税，由于微型计算机所占金额很少，故计算中未计关税与增值税项目；

② 银行财务费率取 0.4％；

③ 外贸手续费率取 1.5％；

④ 海关监管手续费率取 0.3％；

需要注意的是：根据有关部门的规定，自 2005 年 2 月起取消海关监管手续费，因此在今后的进口机器设备评估中将不再涉及海关监管手续费。

⑤ 商检费率取 0.3％；

⑥ 国内运杂费率取 3％；

⑦ 设备基础费：该设备不需专门建设设备基础，故略计此费用；

⑧ 国内安装调试费率取 3％；

⑨ 资金成本：

资金成本的计算关键要确定两个因素：一是资金量的大小和投入时间的长短，二是资金的单位使用成本。前者根据实际情况来确定，后者要具体分析资金的平均投资收益率，通常用银行的存贷款利率来计算。本案例根据资金投入时间的长短，分别选用了银行一年期贷款利率和半年期贷款利率来计算资金成本。其中，评估基准日一年期贷款利率 5.85％，半年期贷款利率 5.58％。从合同签订至设备安装调试完毕 12 个月。付款方式为：首期支付 CIF 价的 30％（计息期 12 个月），设备进关开始安装调试支付 60％（计息期 6 个月），安装调试费均匀投入（计息期 3 个月），余款 10％于调试运行后支付（计息期为零）。

2. 综合成新率的计算

（1）确定实体性损耗率

确定设备实体性损耗率常用的方法有：使用年限法、观察法和修复费用法。本案例采用进行因素调整后的使用年限法确定实体性损耗率，是使用年限法和观察法在一定层面上的结合。

① 该设备经济使用寿命为 16 年（属印刷设备类）；

② 已使用日历年限为 3 年（从 1997 年 11 月开始试车至 2000 年 11 月评估基准日）；

③ 调整系数及综合值：

原始制造质量——1.10（进口设备）

设备时间利用率——1.05（1 班/日）

维护保养——1.0（正常）

修理改造——1.0（无）

故障情况——1.0（无）

运行状态——1.0（正常）

环境状况——1.05（良好）

计算七项调整因素系数综合值

④ 计算：已使用年限经七项因素调整

⑤ 计算实体性损耗率

实体性损耗率＝已使用年限经七项因素调整÷设备经济使用寿命
×100％

（2）确定功能性损耗率

功能性损耗是由技术进步引起的。功能性损耗率是通过对新旧工艺及相应设备的生产率（印染速度）、耗损及原材料（未加工纸）价格三项因素的比较，分别对每项因素估算其功能性损耗计算而得，具体估算按下列步骤进行：

① 将被评估设备的年生产率（或损耗、原材料价格）与功能相同但性能更好的新设备的年生产率（或损耗、原材料价格）进行比较，分析二者在运营上的差异并量化，即可得到被评估设备的功能性损耗（在这个过程中，差异分析是很关键的一步）。

其中，新旧设备有关资料：被评估设备生产率（印染速度）为 30 米/秒，新设备为 90 米/秒；被评估设备损耗为 30％，新设备为 10％；被评估设备使用原材料加工纸的价格为 3 000USD/T，新设备为 2 000USD/T；月均印染产量（自经销、代加工、卖模纸）共计 51 600 米；印染模纸 1 000m/T；设备剩余年限 13.5 年；所得税 33％；折现率取 7％。

本案例中新旧设备的差异主要是人工成本的差异，故以生产率因素影响值为例进行列示，其余损耗差异、原材料损耗差异的计算类同而不列示。需要注意的是：在得到人工成本年超支额后，应扣除所得税。因为人工成本超支将会增加被评估设备的运营成本，降低被评估设备的运营收益，从而减少应计的所得税。

以生产率（印染速度）因素影响值为例：

A. 旧设备月工资额：

经销 11 000 米　　单位工资 1.11 元/米　　月工资额 12 210 元；

代加工 17 800 米　　单位工资 0.28 元/米　　月工资额 4 984 元；

卖花纸 22 800 米　　单位工资 0.31 元/米　　月工资额 7 068 元；

旧设备月工资 $\sum$ ＝24 262 元

B. 新设备印染速度 90 米/秒，旧设备为 30 米/秒，新设备月工资成本：

经销 11 000 米　　单位工资 1.11×1/3　　月工资额

代加工 17 800 米　　单位工资 0.28×1/3　　月工资额

卖花纸 22 800 米　　单位工资 0.31×1/3　　月工资额

新设备月工资 $\sum$ ＝8 073 元

② 计算二者的差异，分别确定净超额工资、净超额损耗及净超额原材料成本。以生产率（印染速度）因素影响值为例：

月工资成本差异额＝旧设备月工资 $\sum$ －新设备月工资 $\sum$

年工资成本超支额＝月工资成本超支额×12

减所得税（33％）：年工资成本超支额×33％

扣除所得税后年净超额工资＝年工资成本超支额－所得税

同理，按新旧设备损耗率和使用纸的成本不同，计算出净超额损耗及净超额原材料成本。

③ 估测被评估设备的剩余寿命。

被估设备的剩余寿命取设备剩余年限，即 13.5 年。

④ 以适当的折现率将被评估设备在剩余寿命内每年的净超额费用折现，这些折现值之和即为被评估设备的功能性损耗（贬值），计算公式如下：

被评估资产功能性损耗＝ $\sum$ （被评估资产年净超额成本×折现系数）

其中，折现率取 7％，可计算资产剩余使用 13.5 年年金折现系数；

功能性损耗＝生产率功能性损耗＋耗损功能性损耗＋原材料功能性

损耗功能性损耗率＝功能性损耗/重置价格×100％

（3）确定经济性损耗率

该设备使用正常，使用年限较短，技术性能与市场上流通的类似设备差别较小，故经济性损耗率取 0％。

（4）确定综合成新率

综合损耗率＝实体性损耗率＋功能性损耗率＋经济性损耗率

综合成新率＝1－综合损耗率

3. 评估价值的确定

评估价值＝重置全价×综合成新率

（五）解析重点难点

① 弄清机器设备价值评估中成本法和市场法的区别；

② 重置成本的构成和确定；

③ 综合成新率的计算。

三、实验任务、实验的可交付物

（一）实验任务

1. 制作评估明细表

2. 细化和完成评估说明

（1）细化重置全价的计算过程；

（2）细化资金成本的计算过程；

（3）细化综合成新率的计算，包括实体性损耗率、功能性损耗率和经济性损耗率的计算。

（二）实验可交付物

1. 评估明细表

2. 评估说明

3. 汇报用 PowerPoint 文档。

四、软件操作指导

（一）建立新项目

首先，打开鼎信诺资产评估系统 V5.0，创建新项目。

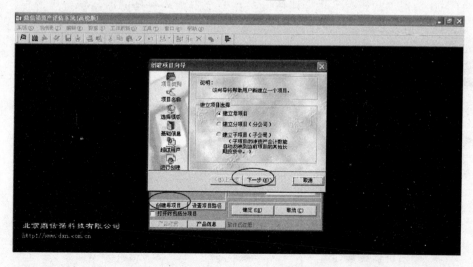

　　在"创建项目向导"中填入所需评估项目的名称："进口机器设备（图像设计系统）＊＊"（＊＊代表学号和编号）。

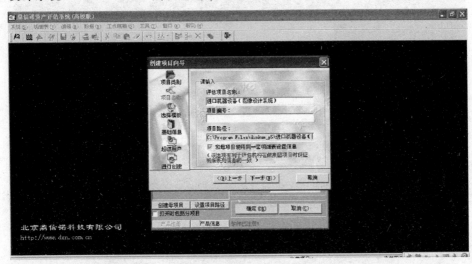

　　选择"［单项评估－机器设备］"模版。

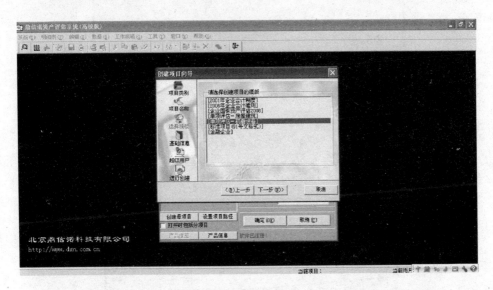

　　填入委估单位、评估基准日（2000/11/30）、评论机构、项目负责人、签字注册资产评估师、评估机构法定代表人、建立日期等内容。

无须设置密码，点击"下一步"。

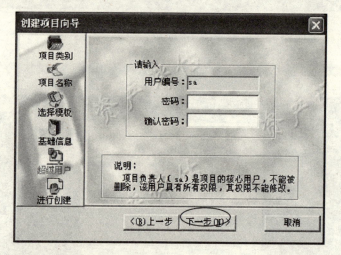

点击"完成"，可登录新建评估项目。

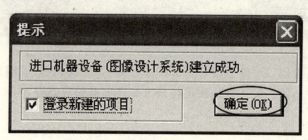

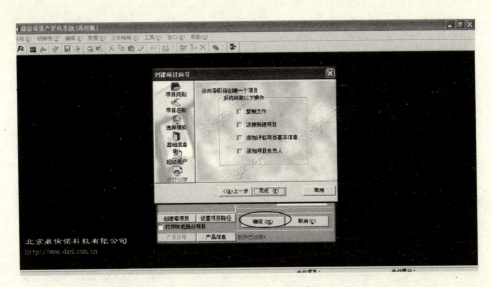

（二）评定估算

进入项目，选"数据类—固定资产—机器设备清查评估明细表"。

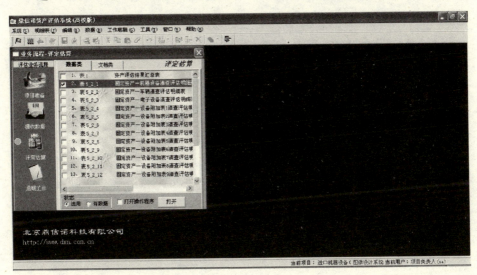

填入申报数据。

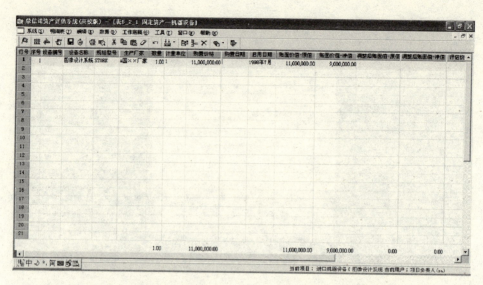

在"评估价值—净值"栏单元格点击右键，选择"工作底稿［Z］""添加/维护［F］"，可添加工作底稿。

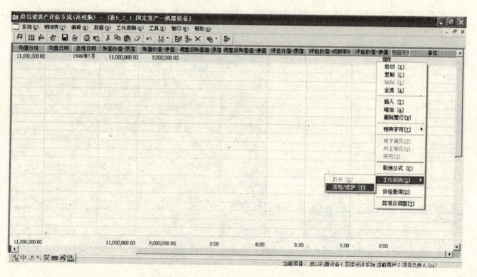

选择"进口设备工作底稿（成本法）"。

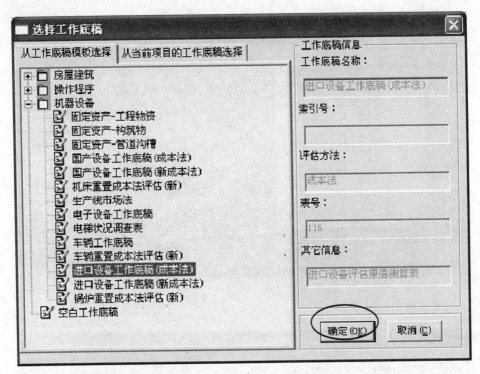

打开"进口设备评估原值测算表",填入数据并保存。

成新率工作底稿选择文档类"设备成新率评定表"。

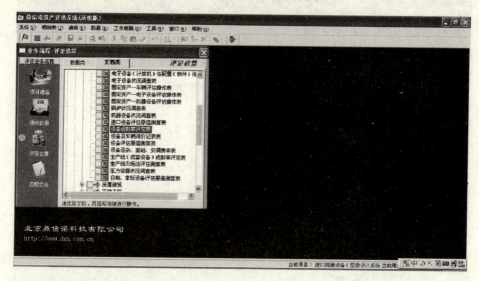

填入数据并保存。

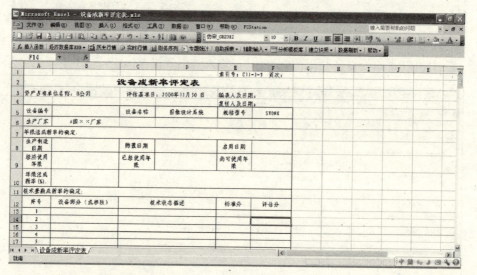

（三）导出项目评估结果

完成实验后，保存并退出"鼎信诺"。重新打开"鼎信诺"，找到完成的项目，单击"设置项目路径"。

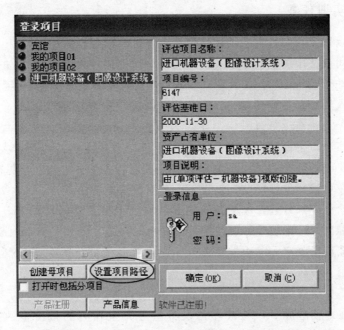

单击"打开目录"。

将目录下对应的文件拷贝后提交给老师。

2.2.4　实训任务

根据以下资料，计算各项评估数据，并进行简要说明。

某公司欲在市场上转让某套进口装备。被评估对象为 1998 年进口的 A 成套设备，并于当年 12 月 31 日正式投入使用。评估基准日为 2006 年 1 月 1 日。

评估人员经调查获得以下资料及信息：

（1）A 设备在运行过程中由于工人操作失误导致控制中心的程控部分损坏并造成停产，至评估基准日已停产一年整，委托方希望尽快修复 A 设备，以便继续使用，要使 A 设备正常运转，必须对程控部分进行全部更换；

（2）在程控部分损坏前，A 设备一直满负荷运转；

（3）除程控部分外，A 设备其他部分均处于可正常运转状态，在停产期间由于保养良好，未发生影响使用寿命的情况；

（4）经现场鉴定，除程控部分外，A 设备其他部分若保持 90％的负荷率可继续使用 10 年；

（5）要更换程控部分只能向 A 设备原生产厂家购买；

（6）在评估基准日，与被评估设备型号完全相同的新设备的离岸价为 1 000 万美元，其中程控部分占设备价格的 10％，但是如果单独购置程控部分，则其离岸价格要比成套购买时的程控部分的价格高 10％，而且卖方不再负责安装调试所需费用；

（7）在评估基准日，若成套进口全新 A 设备，海外运输保险费为 21.43 万美元，海外运输费为离岸价的 5％，关税税率为 13％，增值税税率为 17％，其他进口环节费用为到岸价的 3％，国内运输费为到岸价的 1.5％，配套费用为到岸价的 2％，设备的安装及调试费用含在设备的价格之中；

（8）在评估基准日时，若单独购买程控部分，海外运输保险费为 2.93 万美元，海外运输费为离岸价的 4％，关税、增值税及其他进口环节的各税费率及国内运输费费率不变，安装调试费用为到岸价的 0.5％，不再需要配套费用；

（9）被评估 A 设备不存在功能性及经济性贬值；

（10）引进设备采取货到企业后立即付款方式；

（11）评估基准日时美元对人民币的汇率为 1：8。

假定不考虑残值，并不再考虑其他因素。根据上述条件试求被评估设备的评估值。

2.3　房地产评估实验教学

2.3.1　实验教学目的

使学生在理解房地产特性及评估原则的基础上，掌握不同评估目的下，房地产评估方法的选择和评估方法的实际运用，重点掌握运用假设开发法（或市场比较法）对房地产价值进行评估；熟练掌握运用"鼎信诺"评估软件对给定房地产评估对象进行评估的基本流程和评估要点，并能对评估结果进行科学合理的分析和判断。

2.3.2　实验教学步骤

一、实验说明

由教师在实验课堂上进行，主要教学内容如下：

（一）说明实验目的

掌握在"鼎信诺"评估软件的支持下，以假设开发法为主要评估方法对土地使用权价值进行评估。

（二）实验案例资料说明

通过实验案例资料说明让学生熟悉案例，案例演示的具体内容可以在"实验教学案例"中进行规定。

在演示过程中，阐述数据收集、方法选择、方法运用等方面的要点进行分析和讨论。

在数据收集方面，阐述除了教学案例所提供的数据之外，还可以通过何种渠道收集数据。在方法选择方面，针对特定的"实验目的"阐述方法选择的考虑因素。例如，在上海新江湾城 D1 地块价值评估案例 1 中，被估地块是公开出让的一块商业性住宅用地，对其投资价值进行评估，以便为开发商购置该待建地块进行报价提供参考，反映了假设开发法的基本思路，故采用假设开发法进行价值评估。

在方法应用方面，主要涉及评估参数的选择，须阐明在当前的实验教学案例中，哪些评估参数的选择值得重点关注。在软件应用方面，指出在当前的教学案例中，需要重视应用软件的哪些功能。

此外，还可针对具体案例的内容做专业术语释义和重点难点解析。

（三）布置实验任务、实验的可交付物

根据案例资料说明的内容布置相关实验任务，提供类似的实验背景材料和实验数据，该材料和数据可以另行设计，也可以在演示案例的基础上做改动。在此要明确学生于何时何地提交可交付物，可以是"评估明细表"、"评估说明"、"评估报告"，"评估工作底稿"等，而且一般应包括实验汇报用的PowerPoint 文档。

PowerPoint 文档的主要内容为：

① 基本情况介绍

说明评估背景、评估目的、评估范围、评估依据、评估原则，及评估值应该归属的价值类型。

② 实验（评估）过程介绍

③ 评估方法选择及应用阐述

④ 评估结果

⑤ 对评估值进行判断，以确定其价值类型

⑥ 交代评估假设

（四）实验分组

一般由 5 至 6 人组成一个实验小组，具体分组方法由教师确定。

二、实验运行

由学生在课堂外（可在实验室）进行评估实验。期间，可以通过多种方式进行相互间的沟通，沟通方式包括：资产评估课程网络平台中的相关栏目，比如"价值评估实验"栏目、"讨论版"栏目；E-mail；QQ 即时通讯工具；微博；电话等。

三、提交可交付物

四、小组答辩

每个小组均对各自的实验情况进行答辩，答辩形式由各小组自由选定，可以形式多样。

五、实验总结

学生相互间点评，教师点评，找出不足之处，力争改进。

2.3.3　实验教学案例

案例：上海新江湾城 D1 地块价值评估

一、实验目的

在"鼎信诺"评估软件的支持下，掌握土地评估方法的选择和评估方法的实际运用；运用假设开发法对土地投资活动中的目标地块投资价值进行评估，以便为地块投资出价提供价格参考依据。

二、案例演示步骤

上海新江湾城 D1 地块的背景资料（见附件 1）。该资料需提前一周发给学生。

（一）介绍案例背景资料

项目名称：上海市杨浦区新江湾城 D1 地块项目

项目位置：上海市杨浦区新江湾城内，淞沪路东侧，殷行路南侧，新江湾城毗邻并交融于杨浦区五角场城市副中心

项目来源：上海市政府公开出让国有土地（上海房地局沪告字 2007 第 1 号），用地性质为住宅用地，该土地一级开发商为上海市城投公司。

出让方式：挂牌出让；07/5/31～07/6/1 报名并于 30 日前交 5 000 万元保证金；07/6/7～07/6/21 挂牌，起始价 51 600 万元，折合楼面地价 5 123 元/平方米，增价幅度 100 万元；挂牌截止时（16 点）仍有竞买人表示愿意继续竞价，转入现场竞价，最终价高者得。

地价支付：从签合同之日（摘牌后 5 个自然日内）起 60 天内付清土地出让金及大市政配套费；之前申请时的竞买保证金抵作土地出让金。其中，大市政配套费不包含在土地出让金（竞买成交价）内，单独按规划可建面积 290 元/平方米支付给上海城投；另还需按规划可建设面积向市房地局缴付 30 元/平方米的轨道交通建设费。

交地标准：付清地价款后 7 个工作日内，以净地（拆平及地面平整）交付。

土地面积：59 254 平方米

四至范围：东至政澄路（支路），南至国晓路（支路），西至淞沪路（主干道），北至殷行路（次干道）

规划用途：商业、住宅综合用地

使用年限：2007.7.1～2057.7.1

地块现状：地块内部无拆迁；地块形状方正，植被已铲平成净地，生态环境良好；地块西北和西南角（紧靠淞沪路）有轨道 10 号线站点临建设施，目前（2007 年）正在开工建设轨道站点；轨道站点设置在地块西北角。

规划容积率：1.7

规划计容建筑面积：100 731 平方米

建筑密度：≤25％

绿地率：≥35％，集中绿地率≥15％

建筑高度或层数：高层布置于西侧，限高 40 米

其他主要规划和建设要求：套型建筑面积 90 平方米以下住房面积占住宅总建筑面积的最低比例不得小于 70；须在签订土地出让合同之日起 6 个月内动工建设，动工后 48 个月内竣工。

评估基准日：2007 年 6 月 21 日

（二）讨论案例中的资产评估八大要素

评估主体：某资产评估有限公司。

评估客体：即评估对象，这里是指上海市杨浦区新江湾城 D1 地块的土地使用权。

评估依据：法律法规、经济行为文件、重大合同协议及取费标准、其他参考依据等。

评估目的：为准备投标该地块的某房地产开发商做投标报价的参考（咨询目的的房地产估价）。

评估原则：独立性、客观公正性、科学性及需要遵守的技术原则。

评估程序：项目委托、地块及市场调查、项目定位、评定估算、撰写和提交评估报告。

价值类型：从评估目的来看，委托人未表明希望评估公司提供何种价值类型。评估机构经过分析，考虑评估目的，结果需要具有一定的竞争力，因此要考虑公司自身因素的情况下，能发挥地块最佳经济价值的评估价值。因此，我们认为，该地块评估项目的价值类型属于非市场价值。

评估方法：假设开发法（The Hypothetical Development Method，Residual Method）又称为剩余法、倒算法、余值法、残值法，是房地产估价方法之一，指在预计开发完成后不动产正常交易价格的基础上，扣除预计的正常开发成本及有关专业费用、利息、利润和税费等，以价格余额来估算待估土地合理价格或价值的方法。

（三）说明评估软件的应用要点

通过该案例需要掌握鼎信诺资产评估系统中的以下功能：

1. 业务流程

从评估软件的应用角度，掌握资产评估的三个业务流程，它们是：

（1）创建项目

（2）评定估算

（3）导出评估结果

2. 有关评估明细表的选择、设置以及数据处理

（四）具体评估步骤

待估地块价值＝预计开发完成后不动产总价－开发成本－投资利息

－投资利润－销售税费

1. 预计开发完成后不动产总价

土地面积：59 254 平方米

开发面积：根据规划要求和市场分析，该项目的基本经济指标如下：

规划容积率：1.7；规划计容建筑面积：100 731 平方米

其中：

住宅	94 732.7 m²
商业配套（占地块总建筑面积的5%）	5 000m²
商业停车位	75 个

住宅预计售价：

表 2.3.1   项目周边在售项目分布表

楼盘名称	占地面积(m²)	总建面积(m²)	容积率	物业类型	主力面积段(m²)	主力户型	均价(元/m²)(2007.3～5)	主力总价段(万元)	案场报价
合生江湾公寓	180 000	280 000	1.6	36幢11～18F	92.96～114.54（毛坯）	2房	13 180（毛坯）	123～151（毛坯）	16 000
				小高层、高层	98.57～109.71（装修）		13 764（装修）	136～151（装修）	14 000
上海梦想	80 000	150 000	1.8	7幢多层	102～107	2房	9 880	100～106	15 000（多）
				24幢12F小高层					
建德国际公寓	70 000	90 000	1.7	多层	86～111	2房	8 870	76～100	/
				8～12F小高层					
东森花园	29 000	69 000	1.91	6幢12F小高层	135～152	3房	10000	135～155	/
盛世江湾	30 388	75 798	2	18～25F高层	86～101	2房	9 900	85～100	11 000

通过比较周边楼盘的报价，结合国家宏观经济政策、上海市宏观经济走势及房地产市场供求现状及未来预测、项目自身的情况和定位，取该项目的

住宅销售均价为 16 000 元/平方米。

商业配套预计售价：

依托区域商业中心以及地铁站的规划，结合项目地块实际情况及市场现状，该地块商业配套定价如下：

表 2.3.2　　　　　　　　　　可售商业配套分层定价表

项　　目		层数	规模（m²）	销售单价（元/m²）	
				现时点	开盘均价（2009 年 5 月）
可售商业配套	单层沿街商铺	1F	1 000	32 000	39 178
	两层独栋商铺	1F	1 750	30 400	37 219
		2F	1 750	18 240	22 331
	两层均价			24 320	29 775
可售商业综合均价			4 500	26 027	31 864

根据以上预计售价，可测算出该地块开发后的总楼价。

2. 建筑物开发成本估算

项目建设总费用包括：建筑成本、管理费、专业费用、不可预见费等，具体见附录。

3. 投资利息

以估算的建筑物开发成本及地价合计为基础，根据项目建设计划和销售进度，确定预计利率，计算投资利息。

$$投资利息＝建筑物开发成本×[（1＋利息率）开发周期/2－1]＋地价$$
$$×[（1＋利息率）开发周期－1]$$

4. 投资利润

一般按全部预付资本的一定比例（投资利润率）计算投资利润：

$$投资利润＝（建筑物开发成本＋地价）×投资利润率$$

5. 销售税金及费用

在销售过程中支出的费用主要包括：

① 工商统一税：开发价值的 5.5% 交纳；

② 买卖手续费：开发价值的 1% 支付；

③ 广告宣传及代理费：开发价值的 1% 计。

6. 计算待估地块价值

考虑合理的项目建设周期、销售进度、土地使用年限等因素后（项目的开发进度及销售计划见附录），还需对以上土地使用权价值进行适当修正。

（五）解析重点难点

①弄清假设开发法与市场比较法的区别；

②项目的定位；

③项目开发成本及收入的选取和测算；

④根据案例中的项目定位和竞争项目资料，估算项目中住宅的当期销售价格；

⑤根据当时上海及区域市场分析，预测项目销售期内销售价格走势；

⑥关于折现率的选择和确定；

⑦根据项目基本假设条件、项目成本等资料，测算土地的评估价值。

三、实验任务、运行要求及实验的可交付物

（一）实验任务

1. 分析并测算评估结果

① 根据案例中的项目定位和竞争项目资料，估算该土地开发项目中住宅的当期销售价格；

② 根据当时上海及区域市场分析，预测项目销售期内销售价格走势；

③ 根据项目基本假设条件、项目成本等资料，进行土地估价。关注折现率等主要评估参数的选择。

④ 考虑是否可以选择其他方法对该地块进行评估。

2. 撰写评估报告

（二）实验运行要求

实验分组：一般由 4 至 5 人组成一个实验小组，以小组为单位完成相关内容。

实验运行：由学生在课堂外进行评估分析。

期间，可以通过多种方式进行相互间的沟通，沟通方式包括：资产评估课程网络平台中的相关栏目，比如"讨论版"栏目。

双数编号小组的同学需要每日关注"讨论版"中的问题，并根据本小组的讨论意见进行回复。

（二）实验可交付物的提交要求

1. 评估报告：包括结果报告和技术报告。

2. 单数编号的小组需要提交汇报用 PowerPoint 文档。PowerPoint 文档的主要内容为：

① 基本情况介绍说明评估背景、评估目的、评估范围、评估依据、评估原则，及评估值应该归属的价值类型。

② 实验（评估）过程介绍

③ 评估方法选择及应用阐述

④ 评估结果

⑤ 对评估值进行判断，以确定其价值类型

⑥ 交代评估假设

3. 双数编号的小组需要提交本组参与"讨论版"的讨论记录（打印稿），并在记录中突出标示本组发表的意见。

4. 提交时间：一般安排在实验案例说明课一周后，提交实验案例结果并安排讨论。

四、小组陈述及讨论

讨论要求：单数编号的小组对各自的实验情况进行陈述和答辩，具体形式由各小组自由选定。具体要求将在案例讨论课之前一周在网络教学平台中发布。

五、软件操作指导

（一）建立新项目

打开鼎信诺资产评估系统 V5.0 ，创建新项目。

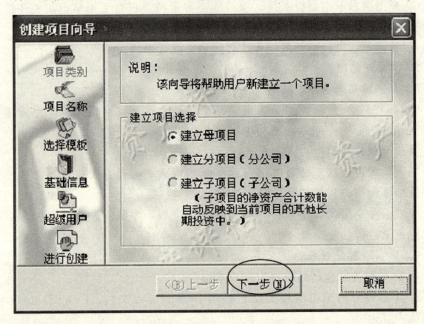

在"创建项目向导"中输入项目名称"上海市新江湾城 D1 地块价值评估 ＊＊"（＊＊代表学号和编号）。

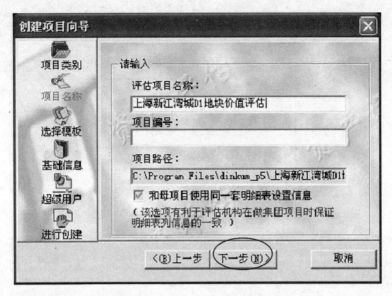

选［单项评估—房屋建筑］。

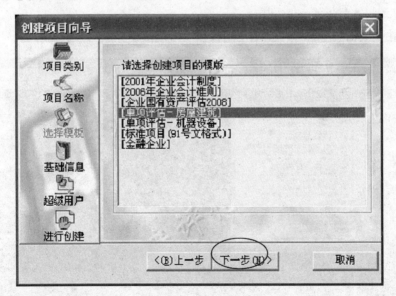

　　输入项目委估单位、评估机构、评估基准日、项目负责人、评估师等信息。

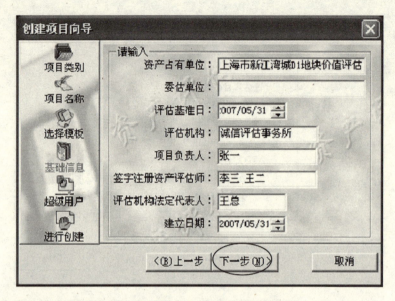

其他中间步骤同"进口机器设备（图像设计系统）"。

（二）评定估算

在"文档类"选择"土地使用权假设开发法测算表"，进行填列。

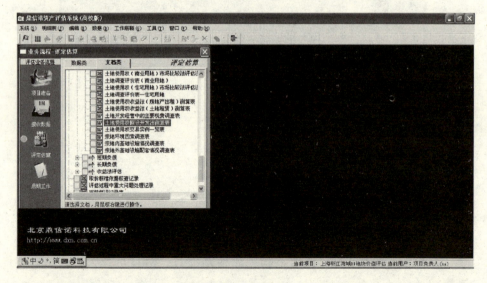

另可填列"土地评估一般因素调查分析表、土地调查评价表—住宅用地、土地开发经营中的主要税费调查表、土地调查评价表（商业用地）"，用于评定估算。

（三）导出项目评估结果

参见"进口机器设备（图像设计系统）"。

2.3.4 实训任务

请学生根据附件1资料，运用市场比较法进行D1地块价值的评估，并与上述运用假设开发法进行估算的结果进行比较，提交评估报告和比较说明。

2.4 无形资产评估实验教学

2.4.1 实验教学目的

使学生在理解无形资产特性及评估原则的基础上，掌握不同评估目的下，无形资产评估方法的选择和评估方法运用，重点掌握运用收益法对无形资产价值进行评估；熟练掌握运用"鼎信诺"评估软件对给定无形资产评估对象进行评估的基本流程和评估要点，并能对评估结果进行科学合理的分析和判断。

2.4.2 实验教学步骤

一、实验说明

由教师在实验课堂上进行，主要教学内容如下：

（一）说明实验目的

不仅要说明上述"实验教学目的"，而且要说明针对不同教学案例所设的特定的实验目的。例如，无形资产价值评估实验教学案例1的实验目的是以"鼎信诺"评估软件为工具，并以收益法为评估方法对无形资产价值进行评估。

（二）实验案例资料说明

通过实验案例资料说明让学生熟悉案例，案例演示的具体内容可以在"实验教学案例"中进行规定。

在演示过程中，阐述数据收集、方法选择、方法运用等方面的要点进行分析和讨论。

在数据收集方面，阐述除了教学案例所提供的数据之外，还可以通过何种渠道收集数据。在方法选择方面，针对特定的"实验目的"阐述方法选择的考虑因素。例如，在"AB"专有技术评估案例1中，评估无形资产——"AB"专有技术的目的是拥有者 SA 公司拟将其作为合资经营的投入，是对该无形资产未来超额获利能力的转让和投资估算，因此，适用于超额收益法进行价值评估。

在方法应用方面，主要涉及评估参数的选择，须阐明在当前的实验教学案例中，哪些评估参数的选择值得重点关注。在软件应用方面，指出在当前的教学案例中，需要重视应用软件的哪些功能。

此外，还可针对具体案例的内容做专业术语释义和重点难点解析。

（三）布置实验任务、实验的可交付物

根据案例资料说明的内容布置相关实验任务，提供类似的实验背景材料和实验数据，该材料和数据可以另行设计，也可以在演示案例的基础上做改动。在此要明确学生于何时何地提交可交付物，可以是"评估明细表"、"评估说明"、"评估报告"，"评估工作底稿"等，而且一般应包括实验汇报用的PowerPoint 文档。

实验汇报用 PPT 的主要内容为：

① 基本情况介绍

说明评估背景、评估目的、评估范围、评估依据、评估原则，及评估值应该归属的价值类型。

② 实验（评估）过程介绍

③ 评估方法选择及应用阐述

④ 评估结果

⑤ 对评估值进行判断，以确定其价值类型

⑥ 交代评估假设

（四）实验分组

一般由 5 至 6 人组成一个实验小组，具体分组方法由教师确定。

二、实验运行

由学生在课堂外（可在实验室）进行评估实验。期间，可以通过多种方式进行相互间的沟通，沟通方式包括：资产评估课程网络平台中的相关栏目，比如"价值评估实验"栏目、"讨论版"栏目；E-mail；QQ 即时通讯工具；微博；电话等。

三、提交可交付物

四、小组答辩

每个小组均对各自的实验情况进行答辩，答辩形式由各小组自由选定，可以形式多样。

五、实验总结

学生相互间点评、教师点评，找出不足之处，力争改进。

2.4.3　实验教学案例

案例："AB"专有技术评估

一、实验目的

掌握在"鼎信诺"评估软件的支持下，运用收益法对企业无形资产价值进行评估，以便 SA 公司对拟投入合资经营的无形资产——"AB"专有技术的估价提供价格参考依据。

二、案例演示步骤

SA 公司欲以公司拥有的"AB"专有技术对外合资经营投资，故委托某评估机构对该无形资产价值进行评估，基本数据如下：

（一）介绍背景资料

该案例根据北京鼎信诺科技有限公司提供的资料改编而成，隐去了 SA 公司真实名称及背景。

委托单位 SA 公司成立于 1985 年 8 月，它是为实现国家高技术主题项目最终战略目标而设立的，其宗旨是发展高技术，实现产业化发展。自成立之始，SA 公司的任务就是立足于主题关键目标产品的研制开发，实现系统集成，开发有市场竞争力的高性能技术产品及其应用系统；进行与关键目标产品有关的高技术基础研究与新产品预研；建立高技术研究开发基地，培养高技术攻关的科研人员。

"AB"专有技术是采用 20 世纪 90 年代最新技术、由 SA 公司自主研制的高智能技术系统，其各项指标均达到世界先进水平，已通过国家科委组织的技术鉴定。它不但是一项科研成果，而且是一个具有市场竞争力的性能价格比高的高科技产品。

评估基准日：1995 年 1 月 31 日

（二）介绍资产评估八大要素

评估主体：某某资产评估有限公司。

评估客体：即评估对象，这里指"AB"专有技术。在评估对象确定后，可以进一步确定评估范围。本案例的评估范围是评估基准日 SA 公司的"AB"专有技术，包括系统样机、硬件设计图纸和资料、系统软件及相关技术文档资料。

评估依据：法律法规、经济行为文件、重大合同协议及取费标准、其他参考依据等；"AB"科学技术鉴定证书及鉴定资料；SA 公司提供的"AB"专有技术文件资料及有关各项申报资料。

评估目的：对拟投入合资经营的 SA 公司无形资产"AB"专有技术进行现值评估。

评估原则：独立性、客观公正性、科学性及需要遵守的技术原则。

评估程序：项目委托、资产清查、评定估算、撰写和提交评估报告。

价值类型：从评估目的来看，我们认为，"AB"专有技术项目的价值类型属于市场价值。

评估方法：评估采用超额收益法。它是将无形资产在未来一定时期内预计可能带来的超额收益按适当的折现率折为当前价值的金额，借以确定被评估资产价值的一种资产评估方法。

（三）说明评估软件的应用要点

通过该案例需要掌握鼎信诺资产评估系统中的以下功能：

1. 业务流程

从评估软件的应用角度，掌握资产评估的三个业务流程，它们是：

（1）创建项目

（2）评定估算

（3）导出评估结果

2. 有关评估明细表的选择、设置以及数据处理

（四）具体评估步骤

超额收益法计算公式：
$$p = \sum_{t=1}^{N} D_t \frac{R_t - R}{(1+i)^t}$$

1. 预测期的确定

"AB"专有技术是一个采用 20 世纪 90 年代最新技术，我国自主研制的第一台高智能技术系统，达到了 90 年代初同类产品的国际先进水平。尽管如此，由于当今技术产业技术发展极为迅速，产品更新换代周期很短，因此，确定评估预测期为 3 年（1995～1997 年）。

2. 行业基准收益率的确定

根据《中国统计年鉴（1994）》公布的工业平均资金利润率，并考虑到实际情况，确定基准收益率为 18%。

3. 折现率的选取

经过对"AB"专有技术的技术鉴定，确认它的问世是我国在该产品领域的一个重大突破，其水平达到了 20 世纪 90 年代初同类产品的国际先进水平，其产品功能价格比较高，具有较强的市场竞争能力。但目前市场竞争十分激烈，进口产品在国内市场上所占份额占有绝对多数，综合考虑风险收益率取 4%。安全收益率采用 3 年期国债利率即 14%，最终确定综合折现率为 18%。

4. 超额收益的预测

(1) 销售收入预测。"AB"专有技术于 1992 年 1 月 1 日通过国家科技成果鉴定，自 1994 年开始产品投放市场。随着市场宣传及开拓的不断深入，产品销售量将在 1994 年基础上有大幅度提高。预计今后三年累计生产在 1 020 台左右，考虑市场竞争激烈的因素，以及用户购买产品有多向选择性，销售量按生产量的 95% 测算。另外考虑到"AB"专有技术的升级产品具有更好的性能和价格，因此升级产品销售价格会随之有所下降（见表 2.4.1）。

表 2.4.1　　　　　　　　产品销售收入和销售税金预测表

项　目　名　称	1995 年	1996 年	1997 年
生产数量（台）	120	300	600
销售数量（台）	110	285	570
单位售价（含税）（万美元）	6.8	5.7	4.6
销售收入（万美元）	748	1 624	2 622
销售收入折合人民币（万元）	6 312	13 704	22 125
销售税金（万元）	410	891	1 438

(2) 成本费用预测。成本费用包括生产成本、销售费用、管理费用、财务费用、固定资产及无形资产摊销等，预测数据是依据各年生产情况，并考虑一定的物价上涨指数等因素推算而出的。

(3) 流动资金。参考 1994 年实际生产情况，测算出今后三年所需流动资金分别为 1 520 万元、2 980 万元、4 040 万元。

(4) 税后利润额预测。合销售收入预测表和成本费用预测表，编制税后利润额预测表。

由于"AB"专有技术属于高科技产品，根据国家有关税法规定：经国务院批准的高新技术产业开发区的高新技术，暂减按 15% 的税率征收所得税；新办的高新技术企业自投产之日起免征所得税两年。由此测算出所得税后利润额预测表。

表 2.4.2　　　　　　　　　生产成本和费用汇总表　　　　　　　单位：万美元

项　目　名　称	1995 年	1996 年	1997 年
1. 生产成本	419.39	930.28	1 573.86
1.1 直接原、辅材料	397.80	895.05	1 521.59
1.2 直接外协费	3.41	6.82	11.36
1.3 工资及福利费	11.36	17.05	23.86
1.4 制造费用	6.82	11.36	17.05
2. 销售费用	56.82	113.64	170.45
3. 管理费用	13.64	27.27	40.91
4. 财务费用	8.18	17.05	27.27
5. 固定资产及其他摊销费	47.40	49.77	52.14
6. 无形资产摊销费	40.91	113.64	144.77
总成本费用	586.34	1 251.65	2 009.40
总成本费用折合人民币（万元）	4 948	10 562	16 956

表 2.4.3　　　　　　　　　税后利润预测表　　　　　　　　单位：万元

项　目　名　称	1995 年	1996 年	1997 年
销售收入	6 312	13 704	22 125
销售税金	410	891	1 438
总成本费用	4 948	10 562	16 956
利润总额	954	2 251	3 731
所得税	0	0	560
税后利润	954	2 251	3 171

（5）税后利润率预测。在上述预测基础之上，再根据生产资金占用表，编制出税后利润率预测表。

表 2.4.4　　　　　　　　生产资金占用预测表　　　　　　　单位：万元

项　目　名　称	1995 年	1996 年	1997 年
流动资产	1 520	2 980	4 040
固定资产	1 765	1 850	2 800
软件费	241	310	405
合　计	3 526	5 140	7 245

表 2.4.5　　　　　　　税后利润率预测表　　　　　　　单位：万元

项目名称	1995 年	1996 年	1997 年
税后利润	954	2 251	3 171
占用生产资金	3 526	5 140	7 245
税后利润率（%）	27.06	43.77	43.77

5. 评估值的确定

依据超额收益法公式并折现，计算得出"AB"专有技术在基准日的评估值为 2 358 万元。

（五）解析重点难点

① 弄清无形资产价值评估中超额收益法和重置成本法的区别；

②"AB"专有技术的未来超额收益额的合理预测；

③"AB"专有技术剩余寿命年限或收益期限的确定；

④ 折现率的选取。

三、实验任务、实验的可交付物

（一）实验任务

1. 评估报告

2. 评估报告说明

细化"AB"专有技术超额收益额的计算过程；

细化收益期限、折现率的选取理由。

（二）实验可交付物

1. 评估报告

2. 评估说明

3. 汇报用 PowerPoint 文档。

四、软件操作指导

（一）建立新项目

打开鼎信诺资产评估系统 V5.0 ，创建新项目，在评估项目中输入："AB"专有技术价值评估 ＊＊（＊＊代表学号和编号）。

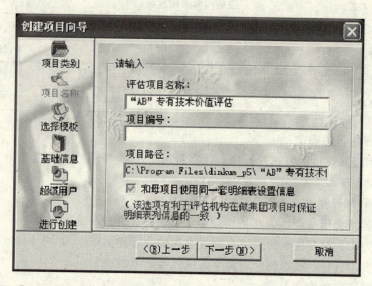

选择［2006年企业会计准则］后，点击下一步。

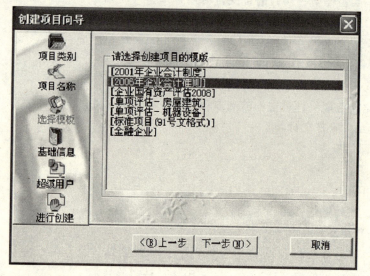

（二）评定估算

在数据类中选择"无形资产清查评估明细表"进行填列。

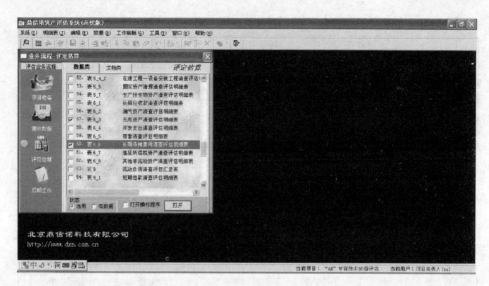

另可选择"文档类"中的"专利/专有技术收益法评估计算表、无形资产评估测算表、收益额测算表、折现率（资金成本加权平均法）选取测算表"等进行填列，完成评定估算。

（三）导出项目评估结果

参见"进口机器设备（图像设计系统）"

2.4.4 实训任务

利用下面的资料，请学生运用重置成本法进行"AB"专有技术价值的评估，并与运用超额收益法进行估算的结果进行比较，提交评估报告和比较说明。

SA公司在"AB"专有技术的研发过程中，具体投入的人、财、物资料情况如下：

1. 设备费

SA公司从1990年3月至1993年10月22日，共购进计算机等研究开发设备142台，历史成本合计16 822 578.33元。

我们对这134台设备，特别是价值超过50万元的设备的使用情况进行了详细的调查，查阅了计算机的机时记录，并与有关工作人员进行了针对性的分析，认为1990年所购设备应分摊用于"AB"专有技术研究开发时间约占其整个使用时间的45%，其他时间应由其他科研项目分摊。1991年的分摊比例为50%，1992年和1993年的分摊比例为65%和80%。

表 2.4.6　　　　　　　　　　　　　设备汇总表　　　　　　　　单位：元

项　目	1990 年		1991 年		1992 年		1993 年	
	台数	金额	台数	金额	台数	金额	台数	金额
单台 50 万元以下	12	845 695.06	42	2 692 538.74	52	4 850 085.9	31	4 276 829.89
单台 50 万元以上	0	0	2	2 434 333.47	2	549 878.4	1	1 173 216.86
合计	12	845 695.06	44	5 126 872.21	54	5 399 964.3	32	5 450 046.75

另外，我们对 1990 年、1991 年、1992 年、1993 年所购设备的价格进行了考察，并收集了大量相近功能的设备，在评估基准日的价格进行了对比分析，认为 1990 年、1992 年、1993 年所购设备的价格，仅相当于相近功能设备在基准日的 40%、50%、65%、80%（见表 2.4.7）。

表 2.4.7　　　　　　　　　　　　　设备评估表　　　　　　　　单位：万元

项　目	1990 年	1992 年	1993 年	1994 年
账面值	84.57	512.69	540.00	545.00
基准日市场价	33.83	256.35	351.00	408.75
摊销期间	41	29	17	5
摊销金额	23.12	123.90	99.45	34.06
应承担的比例	45	50	65	80
承担金额	10.40	61.95	64.64	27.25
折现系数	1.766	1.536	1.336	1.164
折现值	18.37	95.16	86.36	31.72
合计	231.6			

说明：①折现系数为年底年金系数并乘以 1994 年 12 月 31 日至 1995 年 1 月 31 日的折现率 $(1+15\% \times 1/12)$。② 摊销期以购物时间及价值量为依据，采用"约当"法求出。

最后，我们根据计算机产品的有效使用年限进行摊销，并充分考虑其资金成本即利息的因素，将其折算至评估基准日。

2. 软件费

SA 公司自 1989 年 12 月 17 日至 1993 年 10 月 5 日购入计算机软件及板卡账面金额合计为 4 104 633.22 元人民币。我们分别分析了各软件、板卡的价格及相近功能软件、板卡在基准日的价格，并参考了大量的软件报价单，认为 1990 年、1991 年、1992 年、1993 年的软件价格上升幅度分别为 5%、5%、15%、12%。对 1994 年 12 月 31 日至 1995 年 1 月 31 日的价格上升幅度未予考虑。

我们了解到许多软件和板卡，特别是 1991 年和 1992 年购进的软件、板卡是为研制开发"AB"专有技术而专门购进的。虽然它们可能在今后的科学研究中会起到一定的作用，但这些作用是不可准确预见的。我们根据各年度所购软件、板卡在"AB"专有技术中的作用，并与科研技术人员进行专门性讨论，认为 1989 年、1990 年、1991 年、1992 年、1993 年购进的软件、板卡"AB"专有技术应承担的比例分别为 45％、50％、65％、80％、10％（见表 2.4.8）。

表 2.4.8　　　　　　　　　软件评估表　　　　　　单位：万元

项　目	1989 年	1990 年	1991 年	1992 年	1993 年
账面值	16.41	13.3	193.6	54.66	132.5
基准日市场价	23.3	10.89	361.36	70.51	148.4
摊销期间	53	41	26	17	5
摊销金额	20.58	7.44	113.25	19.98	12.37
承担比例（％）	45	50	65	80	10
承担值	9.26	3.72	73.61	15.98	1.24
折现系数	2.031	1.766	1.536	1.336	1.164
现值	18.81	6.57	113.06	21.34	1.44
合　计	161.22				

3. 场地租金

SA 公司地处北京市海淀区中关村，是计算机技术研究开发的黄金地段。我们根据对中关村地区房屋租金的调查以及办公室、机房的装修水平确定办公用房的租金为每天每平方米 4.5 元，办公用房面积为 581.34 平方米；机房的租金为每天每平方米 5.5 元，机房面积为 602.05 平方米。AB 专有技术应分摊的比例及折现系数的计算同设备费评估一样。

表 2.4.9　　　　　　　　　场租金估算表　　　　　　单位：万元

项　目	1990 年	1991 年	1992 年	1993 年
日租金	0.5927	0.5927	0.5927	0.5927
使用天数	304	365	365	296
年租金	180.18	216.34	216.34	175.44
应分摊比例（％）	45	50	65	80
分摊额	81.08	180.17	140.62	140.35
折现系数	1.766	1.536	1.336	1.164
现值	143.19	166.15	187.87	163.37
合　计	660.58			

4. 科研经费

SA 公司 1990 年至 1993 年的科研经费支出共为 643.39 万元。我们根据科研经费的用途及 1990 年至 1994 年年底的物价上涨幅度分别确定了调整指数，并将调整后的金额按"AB"专有技术应分摊的比例进行了分摊（见表2.4.10）。

表 2.4.10　　　　　　　　　　科研经费估算表　　　　　　　　单位：万元

项　目	1990 年	1991 年	1992 年	1993 年
账面值	21.96	112.27	185.96	323.20
物价调整系数	1.42	1.35	1.29	1.12
调整后值	31.18	151.56	239.89	361.98
专有技术分摊（%）	45	50	65	80
分摊金额	14.03	75.78	155.93	289.59
折现系数	1.766	1.536	1.336	1.164
现值	24.78	116.40	208.32	337.08
合　计	686.58			

另外，1992 年 3 月由国家直接拨款 13.944 万美元（以 1995 年 1 月 31 日汇率折合人民币 117.55 万元）用于"AB"专有技术在美国进行设施和生产，折现率也取 15%。

5. 人工成本

"AB"专有技术的开发研制成功不仅是 SA 公司科研人员的劳动成果，而且包括了许多大专院校、科研机构的科研人员的大力协作。开发研制过程中共涉及 128 名科研人员。我们根据他们为"AB"专有技术直接、间接所提供的劳动将他们分为三类（见表 2.4.11）。

表 2.4.11　　　　　　　　　　科研人员工作量估算表

项　目	高级职称（人）	中级职称（人）	初级职称（人）	合计（人）
100%～80%	21	5	7	33
80%～50%	15	15	12	42
50%以下	6	17	30	53
合　计	42	37	49	128

经过与有关工作人员的更为详细的交流，我们确定工作量占其日常工作量100％～80％的平均取值为95％；工作量占其日常工作量80％～50％的平均取值为65％；工作量占其日常工作量50％以下的平均取值为30％。

另外，根据我们的了解，高级职称人员的人工成本（含工资及其福利等）为每人每年 25 000 元，中级职称人员人工成本为每人每年 16 800 元，初级职称人员人工成本每人每年 10 000 元。据此，我们进行了人工成本估算（见表2.4.12、表2.4.13）。

表 2.4.12　　　　　年人工成本估算表　　　　　单位：万元

项　目	工作量 占日常工作量95％			工作量 占日常工作量45％			工作量 占日常工作量30％		
	高级	中级	低级	高级	中级	低级	高级	中级	低级
每人每年人工成本	2.50	1.68	1.00	2.50	1.68	1.00	2.50	1.68	1.00
折合值	2.375	1.596	0.95	1.125	0.75	0.45	0.75	0.504	0.30
人数	21	15	6	5	15	17	7	12	30
年人工成本	49.875	23.94	5.7	5.625	11.23	7.65	5.25	6.048	9
小　计	79.515			24.505			20.298		
合　计	124.318								

表 2.4.13　　　　　人工成本估算表　　　　　单位：万元

项　目	1990 年	1991 年	1992 年	1993 年
年人工成本	103.60	124.32	124.32	103.60
应承担比例（％）	45	50	65	80
承担金额	46.62	62.16	80.81	82.88
折现系数	1.766	1.536	1.336	1.164
现值	82.33	95.48	107.96	96.47
合　计	382.24			

由于"AB"专有技术自1990年3月启动至1993年10月通过鉴定，所以1990年、1993年的人工成本分别应乘以10/12。

6. 确定评估值

综上所述，经过对设备、软件、场地、科研经费及人工成本评估值汇总计算，可最终确定"AB"专有技术在评估基准日的评估值。

2.5 企业价值评估实验教学

2.5.1 实验教学目的

使学生在理解企业价值评估涵义与特点、重要性以及范围界定的基础上，掌握各种评估目的下企业价值评估方法的选择和评估方法的运用；重点掌握运用收益法进行企业价值评估的基本内容、基本程序和基本方法；熟练掌握运用"鼎信诺"评估软件根据模拟资料进行企业价值评估的基本流程和评估要点，并能对评估结果进行科学合理的分析和判断。

2.5.2 实验教学步骤

一、实验说明

由教师在实验课堂上进行，主要教学内容如下：

（一）说明实验目的

不仅要说明上述"实验教学目的"，而且要说明针对不同教学案例所设的特定的实验目的。例如，企业价值评估实验教学中，案例1的实验目的是以评估软件为工具，并以资产基础法为评估方法对企业部分股权价值进行评估；案例2的实验目的是用现金流折现法对企业整体价值进行评估。

（二）案例演示

通过案例演示让学生熟悉为实现"实验目的"的全部评估过程，案例演示的具体内容可以在"实验教学案例"中予以规定。

在演示过程中，阐述数据收集、方法选择、方法运用、软件运用等方面的操作要点。

在数据收集方面，阐述除了教学案例所提供的数据之外，还可以通过何种渠道收集数据。在方法选择方面，针对特定的"实验目的"阐述方法选择的考虑因素。例如，在企业价值评估实验教学中：案例1，资产基础法是一类基于企业资产分解基础上的方法，可以根据单项资产的不同而选择不同的评估方法，那么针对不同的单项资产，评估方法选择又当如何呢？可以对其有重点地进行阐述；案例2，中国移动的价值驱动因素来自其用户数及资费变化，用现金流折现法是将企业作为统一不可分割的整体进行评估，是企业正常经营条件下的资本化价格，那么该方法下的评估结果与用资产加和法进行评估的结果主要区别是什么？什么样的企业应采用现金折现法，什么样的企业又应采用资产加和法呢？可以进行重点的阐述。

在方法应用方面，主要涉及评估参数的选择，须阐明在当前的实验教学案例中，哪些评估参数的选择值得重点关注。在软件应用方面，指出在当前的教学案例中，需要重视应用软件的哪些功能。

此外，还可针对具体案例的内容做专业术语释义和重点难点解析。

（三）布置实验任务、提供实验背景材料和已有实验数据

根据案例演示的内容布置相关实验任务，提供类似的实验背景材料和实验数据，该材料和数据可以另行设计，也可以在演示案例的基础上做改动。在此要明确学生于何时何地提交可交付物，可以是"评估明细表"、"评估说明"、"评估报告"，"评估工作底稿"等，而且一般应包括实验汇报用的 PowerPoint 文档。

PowerPoint 文档的主要内容为：

① 基本情况介绍

说明评估背景、评估目的、评估范围、评估依据、评估原则，及评估值应该归属的价值类型。

② 实验（评估）过程介绍

③ 评估方法选择及应用阐述

④ 评估结果

⑤ 对评估值进行判断，以确定其价值类型

⑥ 交代评估假设

（四）实验分组

一般由 5～6 人组成一个实验小组，具体分组方法由教师确定。

二、实验运行

由学生在课堂外（可在实验室）进行评估实验。期间，可以通过多种方式进行相互间的沟通，沟通方式包括：资产评估课程网络平台中的相关栏目，比如"价值评估实验"栏目、"讨论版"栏目；E-mail；QQ 即时通讯工具；电话等。

三、提交可交付物

四、小组答辩

每个小组均对各自的实验情况进行答辩，答辩形式由各小组自由选定，可以形式多样。

五、学生相互间点评、教师点评

2.5.3　实验教学案例

案例1：立信物流公司45％的股权评估

一、实验目的

掌握在"鼎信诺"评估软件的支持下，运用资产基础法对企业并购活动中标的企业收购价值进行评估，以便为并购出价提供价格参考依据。

二、案例演示步骤

在该案例中，背景资料为一未完成的评估说明，见附件2。

（一）介绍背景资料

该案例由北京鼎信诺科技有限公司提供的资料改编而成，其中隐去了公司的真实名称和真实背景，具体情况参见附件2。

评估基准日：2009年6月30日

（二）介绍资产评估八大要素

评估主体：某某资产评估有限公司。

评估客体：即评估对象，指立信物流公司45％的股权。在评估对象确定后，可以进一步确定评估范围，本案例的评估范围是评估基准日立信物流公司的全部资产和负债。

评估依据：法律法规、经济行为文件、重大合同协议及取费标准、其他参考依据等。

评估目的：A公司的股权收购项目提供价格参考。

评估原则：独立性、客观公正性、科学性及需要遵守的技术原则。

评估程序：项目委托、资产清查、评定估算、撰写和提交评估报告。

价值类型：从评估目的来看，委托人未表明希望评估公司提供何种价值类型。评估机构经过分析，对于不存在关联关系的理性市场主体，公司股权的评估值应该反映它的市场价值。但是，根据现有的评估条件和所选定的评估方法，我们认为，该股权评估项目的价值类型属于非市场价值。

评估方法：资产基础法（The Asset-based Approach）。资产基础法是指采用一种或一种以上的基于企业资产价值的评估方法，是确定企业、企业所有者权益或企业证券价值的一种常用评估方法。资产基础法是资产负债表为导向的评估方法。企业资产负债表本来就是体现其（一定定义下的）现行价值。而资产基础法将涉及未入账的有形资产、无形资产和负债的确定和评估，同时也对已计入资产负债表中的资产和负债进行重估。

(三) 解释评估方法的运用

在该评估案例中，各个单项资产的评估方法有所不同，具体情况如表 2.5.1 所示：

表 2.5.1　　　　　　　　　　针对具体资产的评估方法

资产或负债类别	具体科目	评估方法	方法描述
流动资产	货币资金	成本法	核算后直接以账面价值计量
	应收账款	成本法	核算后直接以账面价值计量
	预付账款	成本法	核算后直接以账面价值计量
	其他应收款	成本法	核算后直接以账面价值计量
	存货	成本法	重置成本乘以成新率
固定资产	设备类固定资产	成本法	重置成本乘以成新率
	建筑类固定资产	成本法	重置成本乘以成新率
无形资产	用友软件	市场法	软件价值加服务费
	其他无形资产	成本法	核算后直接以账面价值计量
长期资产	长期待摊费用	成本法	核算后直接以账面价值计量
负债	负债	成本法	核算后直接以账面价值计量

(四) 说明评估软件的应用要点

通过该案例需要掌握鼎信诺资产评估系统中的以下功能。

1. 业务流程

从评估软件的应用角度，掌握资产评估的四个业务流程，它们是：

(1) 项目准备

(2) 接收数据

(3) 评定估算

(4) 后期工作

2. 评估明细表的选择、设置以及数据处理

(五) 解析重点难点

① 弄清资产基础法和成本法的区别；

② 用倒轧法对库存现金进行核算；

③ 根据银行存款的账面值、银行对账单和银行存款余额调节进行银行存款的核算；

④ 根据账龄分析法等方法对企业应收账款的账面价值进行核算；

⑤ 在对存货核算的基础上，运用成本法对存货的价值进行评估；

⑥ 机电设备重置成本的构成；

⑦ 建筑工程重置成本的构成；

⑧ 综合成新率的计算；

⑨ 作为无形资产的软件，它的重置成本的构成要素；

⑩ 注意企业价值与各项可确指资产价值汇总的区别、评估增值率的概念。

三、实验任务、实验的可交付物

（一）实验任务

1. 制作评估明细表

2. 细化和完成评估说明

（1）细化存货评估情况，并写出计算过程。

（2）细化机器设备评估的具体过程，其中包括综合成新率的计算。

（3）细化柴油叉车的具体评估过程，其中包括综合成新率的计算。

（4）细化厢式运输车的具体评估过程，其中包括综合成新率的计算。

（5）完成各分部工程建安工程造价表、一号建筑的土建工程造价计算表、一号建筑的装饰工程造价计算表。

（6）完成建筑安装工程前期及其他费用的计算、一号建筑资金成本的确定、一号建筑投资利润的确定。

（7）完善和细化用友软件的评估过程。

（8）完成其他未完成的部分（已经在附件 2 中用下划线标出）。

（二）实验可交付物

① 评估明细表

② 评估说明

③ 汇报用 PowerPoint 文档。

四、软件操作指导

（一）建立新项目

打开鼎信诺资产评估系统 V5.0 █，创建新项目，在评估项目名称输入：立信物流公司 45％的股权评估＊＊（＊＊代表学号和编号）。

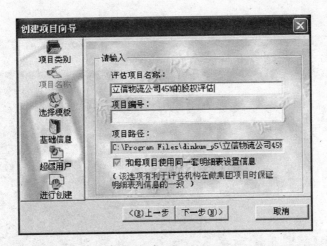

选择［2006 年企业会计准则］后，点击下一步。

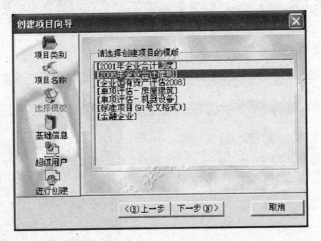

完成有关项目信息的填列后，完成项目的创建，并登录新建的项目。

（二）项目准备

点击"项目准备"中的"申报数据准备"。

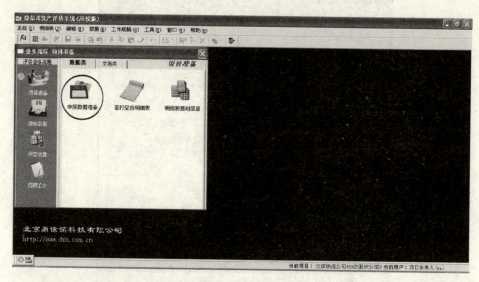

点击"生成格式文件",并保存在指定目录下。

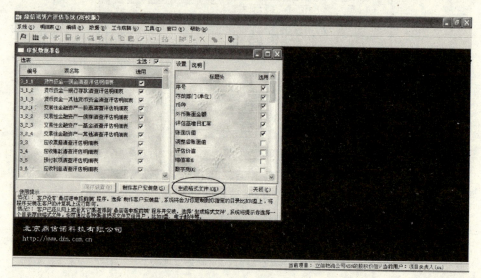

　　点击后缀为"立信物流公司45%的股权价值评估.ppd"文件,系统直接进入"申报前端"系统。在操作向导的"选择表单"中选择所拟填报的明细表,填列完毕后保存。

　　然后选择"基本信息"，填列各明细表的填表人和填表日期，"确定"后退出。

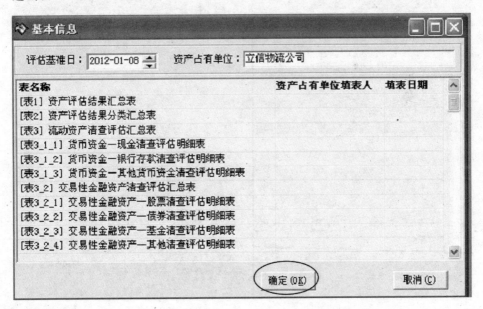

　　执行"数据校对"，选择需要校对的表格，将企业财务报表上的账面数据填入，自动进行明细科目数据的校对，保存并退出。

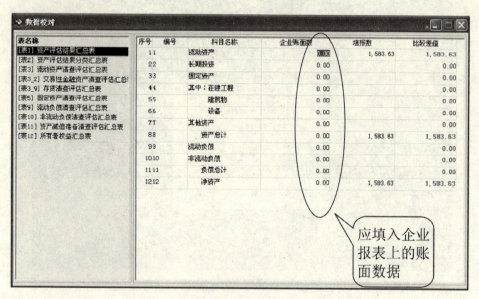

　　最后点击"打印表单"，选择需要打印的表单，进行打印设置。

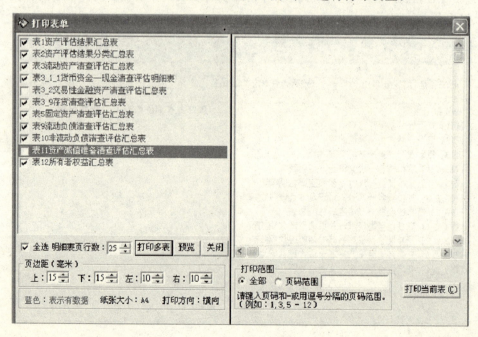

（三）评定估算

针对各资产特点，采用不同评估方法对不同单项资产进行评估，并汇总。

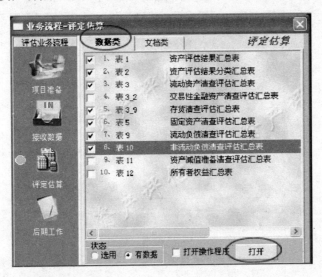

（四）分析评估结果

（五）后期工作

在后期工作的"文档类"中，选择：普通企业资产评估报告和普通企业资产评估说明，进行填列。

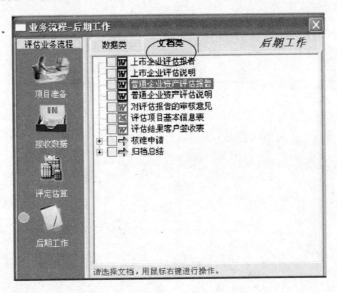

五、完成的评估明细表

表 2.5.2　　　　　　　　资产评估结果汇总表

项　目	编号	账面净值	调整后账面净值	评估价值	增减值	增值率%
流动资产	1	1 583.63	1 583.63	1 584.07	0.44	0.03
长期投资	2					
固定资产	3	2 147.59	2 147.59	2 077.54	−70.05	−3.26
其中： 在建工程	4					
建筑物	5	1 878.00	1 878.00	1 805.45	−72.55	−3.86
设备	6	269.59	269.59	272.09	2.50	0.93
其他资产	7	992.08	992.08	992.69	0.61	0.06
资产总计	8	4 723.30	4 723.30	4 654.29	−69.01	−1.46
流动负债	9	28.17	28.17	28.17	0.00	0.00
非流动负债	10					
负债总计	11	28.17	28.17	28.17	0.00	0.00
净资产	12	4 695.13	4 695.13	4 626.12	−69.01	−1.47

表 2.5.3　　　　资产评估结果分类汇总表

金额单位：人民币元

序号	科目名称	账面价值	账面调整值	调整后账面净值	评估价值	增值额	增值率%
1	流动资产：						
2	货币资金	15 246 410.64	0.00	15 246 410.64	15 246 410.64	0.00	0.00
3	交易性金融资产净额						
4	应收票据						
5	应收账款净额	382 608.61	0.00	382 608.61	378 686.51	-3 922.10	-1.03
6	预付款项	37 100.00	0.00	37 100.00	37 100.00	0.00	0.00
7	应收利息						
8	应收股利						
9	其他应收款净额	170 215.86	0.00	170 215.86	170 215.86	0.00	0.00
10	存货净额	0.00	0.00	0.00	8 246.00	8 246.00	
11	一年内到期的非流动资产						
12	其他流动资产						
19	流动资产合计	15 836 335.11	0.00	15 836 335.11	15 840 659.01	4 323.90	0.03
21	可供出售金融资产						
22	持有至到期投资						
23	长期股权投资						
24	投资性房地产						
26	固定资产	21 475 872.56	0.00	21 475 872.56	20 775 365.50	-700 507.06	-3.26
27	在建工程						
28	工程物资						

续 表

序号	科目名称	账面价值	账面调整值	调整后账面净值	评估价值	增值额	增值率%
29	固定资产清理						
31	生产性生物资产						
34	长期应收款						
35	油气资产						
36	无形资产	9 776 829.30	0.00	9 776 829.30	9 782 903.24	6 073.94	0.06
37	开发支出						
38	商誉						
39	长期待摊费用	143 976.00	0.00	143 976.00	143 976.00	0.00	0.00
40	递延所得税资产						
41	其他非流动资产						
43	非流动资产合计	31 396 677.86	0.00	31 396 677.86	30 702 244.74	−694 433.12	−2.21
44	资产总计	47 233 012.97	0.00	47 233 012.97	46 542 903.75	−690 109.22	−1.46
46	短期借款						
47	交易性金融负债						
48	应付票据						
49	应付账款	−206 030.76	0.00	−206 030.76	−206 030.76	0.00	0.00
50	预收款项						
51	应付职工薪酬	337 700.29	0.00	337 700.29	337 700.29	0.00	0.00
52	应交税费	30 782.68	0.00	30 782.68	30 782.68	0.00	0.00
53	应付利息						
54	应付股利						

续　表

序号	科目名称	账面价值	账面调整值	调整后账面净值	评估价值	增值额	增值率%
55	其他应付款	119 236.47	0.00	119 236.47	119 236.47	0.00	0.00
56	一年内到期的非流动负债						
57	其他流动负债						
61	流动负债合计	281 688.68	0.00	281 688.68	281 688.68	0.00	0.00
62							
64	长期借款						
65	应付债券						
66	长期应付款						
67	专项应付款						
68	预计负债						
69	递延所得税负债						
70	其他非流动负债						
75	非流动负债合计						
76							
77	负债合计	281 688.68	0.00	281 688.68	281 688.68	0.00	0.00
78							
79							
80							
81							
82							
83	净资产	46 951 324.29	0.00	46 951 324.29	46 261 215.07	−690 109.22	−1.47

表 2.5.4　　**流动资产清查评估汇总表**

金额单位：人民币元

编号	科目名称	账面价值	调整后账面值	评估价值	增值额	增值率%
3—1	货币资金	15 246 410.64	15 246 410.64	15 246 410.64	0.00	0.00
3—2	交易性金融资产					
3—3	应收票据					
3—4	应收账款	382 608.61	382 608.61	378 686.51	−3 922.10	−1.03
3—4	减：应收账款坏账准备					
3—4	应收账款净额	382 608.61	382 608.61	378 686.51	−3 922.10	−1.03
3—5	预付款项	37 100.00	37 100.00	37 100.00	0.00	0.00
3—6	应收利息					
3—7	应收股利					
3—8	其他应收款	170 215.86	170 215.86	170 215.86	0.00	0.00
3—8	减：其他应收款坏账准备					
3—8	其他应收款净额	170 215.86	170 215.86	170 215.86	0.00	0.00
3—9	存货	0.00	0.00	8 246.00	8 246.0	
3—10	一年内到期的非流动资产					
3—11	其他流动资产					
3	流动资产合计	15 836 335.11	15 836 335.11	15 840 659.01	4 323.90	0.03

表 2.5.5

货币资金—现金清查评估明细表

金额单位：人民币元

序号	存放部门（单位）	币种	外币账面金额	评估基准日汇率	账面价值	调整后账面值	评估价值	增值率 %
1	财务部	人民币	0.00		2 648.75	2 648.75	2 648.75	0.00
合计					2 648.75	2 648.75	2 648.75	0.00

表 2.5.6　　　　　　　货币资金—银行存款清查评估明细表

金额单位：人民币元

序号	开户银行	账号	币种	外币账面金额	评估基准日汇率	账面价值	调整后账面值	评估价值	增值率 %
1	中国银行 A 分行	11111111	美元	3 700.00	6.83	25 271.00	25 271.00	25 271.00	0.00
2	工商银行 A 分行 X 支行	22222222	人民币			54 312.59	54 312.59	54 312.59	0.00
3	建设银行 A 分行 Y 支行	33333333	人民币			1 124 359.70	1 124 359.70	1 124 359.70	0.00
3	浦发银行 A 分行 Z 支行	44444444	人民币			14 039 818.60	14 039 818.60	14 039 818.60	0.00
合计						15 243 761.89	15 243 761.89	15 243 761.89	0.00

表2.5.7

应收账款清查评估明细表

金额单位：人民币元

序号	欠款单位名称（结算对象）	业务内容	发生日期	账龄	账面价值	调整后账面值	评估价值	增值率%	备注
1	上海蓝天食品公司	运输费	2009.03.15		72 800.00	72 800.00	72 800.00	0.00	
2	宁波海潮贸易公司	冷藏运输费	2009.02.09		59 630.00	59 630.00	59 630.00	0.00	
3	广州南方贸易公司	仓储费	2008.12.07		137 780.00	137 780.00	137 780.00	0.00	
4	杭州华东物流公司	仓储费	2008.12.05		33 956.61	33 956.61	33 956.61	0.00	
5	上海申城电器公司	运输费	2008.11.26		78 442.00	78 442.00	74 519.90	−5.00	
合计					382 608.61	382 608.61	378 686.51	−1.03	

表 2.5.8　　　　　　　　　预付款项清查评估明细表

金额单位：人民币元

序号	收款单位名称（结算对象）	业务内容	发生日期	账龄	账面价值	调整后账面值	评估价值	增值率%	备注
1	中石化加油站	邮费	2009.3.1		30 000.00	30 000.00	30 000.00	0.00	
2	AA 会计师事务所	审计费	2009.6.22		7 100.00	7 100.00	7 100.00	0.00	
合　计					37 100.00	37 100.00	37 100.00	0.00	

表 2.5.9

其他应收款清查评估明细表

金额单位：人民币元

序号	欠款对象名称	业务内容	发生日期	账龄	账面价值	调整后账面值	评估价值	增值率%	备注
1	李白	个人借款	2009.5.19		5 000.00	5 000.00	5 000.00	0.00	
2	苏州市XX物流公司	往来款	2009.4.21		132 235.66	132 235.66	132 235.66	0.00	
3	上海市蓝天食品公司	押金	2009.3.26		21 000.00	21 000.00	21 000.00	0.00	
4	住房公积金	代垫住房公积金	2009.6.4		11 980.20	11 980.20	11 980.20	0.00	
合计					170 215.86	170 215.86	170 215.86	0.00	

表 2.5.10

存货清查评估汇总表

金额单位：人民币元

编号	科目名称	账面价值	调整后账面值	评估价值	增值额	增值率%
3—9—1	原材料	0.00				
3—9—1	减：原材料跌价准备					
3—9—1	原材料净额	0.00				
3—9—2	材料采购（在途物资）					
3—9—3	在库低值易耗品					
3—9—4	包装物（库存物资）					
3—9—5	委托加工材料					
3—9—6	产成品（库存商品）					
3—9—6	减：库存商品跌价准备					
3—9—6	产成品（库存商品）净额					
3—9—7	在产品（自制半成品）					
3—9—8	分期收款发出商品					
3—9—9	在用低值易耗品	0.00	0.00	8 246.00	8 246.00	
3—9—10	委托代销商品					
3—9—11	受托代销商品					
3—9—12	消耗性生物资产					
3—9—13	周转材料					
	存货净额	0.00	0.00	8 246.00	8 246.00	

表 2.5.11

存货—在用低值易耗品清查评估明细表

金额单位：人民币元

| 序号 | 名称及规格型号 | 计量单位 | 账面价值 | | | 调整后账面值 | 实际数量 | 单价 | 评估价值 | | 增值率% | 备注 |
			数量	单价	金额				成新率%	金额		
1	办公桌椅	套	26.00	0.00	0.00	0.00	26.00	450.00	0.20	2 340.00		
2	文件柜	个	18.00	0.00	0.00	0.00	18.00	510.00	0.20	1 836.00		
3	沙发	个	4.00	0.00	0.00	0.00	4.00	700.00	0.20	560.00		
4	三开门更衣柜	个	27.00	0.00	0.00	0.00	27.00	650.00	0.20	3 510.00		
	合计		75.00		0.00	0.00	75.00			8 246.00		

表 2.5.12

固定资产清查评估汇总表

金额单位：人民币元

编号	科目名称	账面价值		调整后账面值		评估价值		增值额		增值率	
		原值	净值	原值	净值	原值	净值	原值	净值	原值	净值
5-1	房屋建筑物净额	26 828 548.30	18 779 983.81	26 828 548.30	18 779 983.81	24 597 395.62	18 054 511.00	-2 231 152.68	-725 472.81	-8.32	-3.86
5-1-1	固定资产-房屋建筑物	26 828 548.30	18 779 983.81	26 828 548.30	18 779 983.81	24 597 395.62	18 054 511.00	-2 231 152.68	-725 472.81	-8.32	-3.86
5-1-2	固定资产-其他建筑物及其他辅助设施										
5-1-3	固定资产-管道及沟槽										
	减：房屋、建筑物减值准备										
5-2	设备类净额	3 527 365.00	2 695 888.75	3 527 365.00	2 695 888.75	3 282 850.00	2 720 854.50	-244 515.00	24 965.75	-6.93	0.93
5-2-1	固定资产-机器设备	12 800.00	6 400.00	12 800.00	6 400.00	11 600.00	6 148.00	-1 200.00	-252.00	-9.38	-3.94
5-2-2	固定资产-车辆	3 044 600.00	2 473 764.00	3 044 600.00	2 473 764.00	2 900 350.00	2 507 619.50	-144 250.00	33 855.50	-4.74	1.37
5-2-3	固定资产-电子设备	469 965.00	215 724.75	469 965.00	215 724.75	370 900.00	207 087.00	-99 065.00	-8 637.75	-21.08	-4.00
	减：机器设备减值准备										
5-3	工程物资										
5-4	在建工程净额										
5-4-1	在建工程-土建工程										
5-4-2	在建工程-设备安装工程										
	减：在建工程减值准备										
5-5	固定资产清理										
5	固定资产净额	30 355 913.30	21 475 872.56	30 355 913.30	21 475 872.56	27 880 245.62	20 775 365.50	-2 475 667.68	-700 507.06	-8.16	-3.26

表 2.5.13

固定资产—房屋建筑物清查评估明细表

金额单位：人民币元

序号	权证编号	建筑物名称	结构	建成年月	建筑面积(m²)	账面价值		调整后账面值		评估价值		
						原值	净值	原值	净值	原值	成新率%	净值
1	aaa	仓库	轻钢	2003.11	15,072.50	20 974 730.20	14 682 311.14	20 974 730.20	14 682 311.14	18 798 501.62	0.74	13 910 891.20
2	aaa	车检房	轻钢	2003.11	575.21	2 944 542.10	2 061 179.47	2 944 542.10	2 061 179.47	2 735 657.00	0.72	1 969 673.04
3	aaa	门卫室	砖混	2003.11	36.69	96 200.00	67 340.00	96 200.00	67 340.00	95 151.00	0.70	66 605.70
4	aaa	室外工程		2003.11		2 813 076.00	1 969 153.20	2 813 076.00	1 969 153.20	2 968 086.00	0.71	2 107 341.06
合　计					15 684.40	26 828 548.30	18 779 983.81	26 828 548.30	18 779 983.81	24 597 395.62		18 054 511.00

表 2.5.14

固定资产—机器设备清查评估明细表

金额单位：人民币元

序号	设备编号	设备名称	规格型号	生产厂家	数量	计量单位	购置日期	启用日期	账面价值		调整后账面值		评估价值			
									原值	净值	原值	净值	原值	成新率%	净值	增值率%
1	D01	手动堆高机	X11	牛力	8.00	个	2006.6	2006.6	12 800.00	6 400.00	12 800.00	6 400.00	11 600.00	0.53	6 148.00	−3.94
合计					8.00				12 800.00	6 400.00	12 800.00	6 400.00	11 600.00		6 148.00	−3.94

表 2.5.15

固定资产—车辆清查评估明细表

金额单位：人民币元

序号	车辆牌号	车辆名称及规格型号	生产厂家	购置日期	启用日期	已行驶里程（公里）	账面价值		调整后账面值		评估价值		
							原值	净值	原值	净值	原值	成新率%	净值
1	A0101	林德平衡重式电动叉车 E25-01	林德	2005.12.3	2006.1.1		69 000.00	20 700.00	69 000.00	20 700.00	71 000.00	0.35	24 850.00
2	A0102	林德平衡重式电动叉车 E25-01	林德	2005.12.3	2006.1.1		69 000.00	20 700.00	69 000.00	20 700.00	71 000.00	0.35	24 850.00
3	A0103	林德平衡重式电动叉车 E25-01	林德	2005.12.3	2006.1.1		69 000.00	20 700.00	69 000.00	20 700.00	71 000.00	0.35	24 850.00
4	A0104	林德平衡重式电动叉车 E25-01	林德	2005.12.3	2006.1.1		69 000.00	20 700.00	69 000.00	20 700.00	71 000.00	0.35	24 850.00
5	A0105	林德平衡重式电动叉车 E25-01	林德	2005.12.3	2006.1.1		69 000.00	20 700.00	69 000.00	20 700.00	71 000.00	0.35	24 850.00
6	A0106	林德平衡重式电动叉车 E25-01	林德	2005.12.3	2006.1.1		69 000.00	20 700.00	69 000.00	20 700.00	71 000.00	0.35	24 850.00
7	A0201	MITSUBISHI 油叉车-FD25NT	日本	2008.4.19	2008.5.19		220 000.00	176 000.00	220 000.00	176 000.00	208 000.00	0.92	191 360.00
8	A0202	MITSUBISHI 油叉车-FD25NT	日本	2008.4.19	2008.5.19		220 000.00	176 000.00	220 000.00	176 000.00	208 000.00	0.92	191 360.00
9	A0203	MITSUBISHI 油叉车-FD25NT	日本	2008.4.19	2008.5.19		220 000.00	176 000.00	220 000.00	176 000.00	208 000.00	0.92	191 360.00
10	A0204	MITSUBISHI 油叉车-FD25NT	日本	2008.4.19	2008.5.19		220 000.00	176 000.00	220 000.00	176 000.00	208 000.00	0.92	191 360.00
11	BBG63154	东风柴油厢式运输车 EQ5141XXYK1	东风	2009.2.1	2009.3.1	6 200.00	350 120.00	329 112.80	350 120.00	329 112.80	328 470.00	0.97	318 615.90
12	BBG63155	东风柴油厢式运输车 EQ5141XXYK1	东风	2009.2.1	2009.3.1	6 200.00	350 120.00	329 112.80	350 120.00	329 112.80	328 470.00	0.97	318 615.90
13	BBG63156	东风柴油厢式运输车 EQ5141XXYK1	东风	2009.2.1	2009.3.1	6 200.00	350 120.00	329 112.80	350 120.00	329 112.80	328 470.00	0.97	318 615.90
14	BBG63156	东风柴油厢式运输车 EQ5141XXYK1	东风	2009.2.1	2009.3.1	7 500.00	350 120.00	329 112.80	350 120.00	329 112.80	328 470.00	0.97	318 615.90
15	BBG63156	东风柴油厢式运输车 EQ5141XXYK1	东风	2009.2.1	2009.3.1	7 500.00	350 120.00	329 112.80	350 120.00	329 112.80	328 470.00	0.97	318 615.90
合　计							3 044 600.00	2 473 764.00	3 044 600.00	2 473 764.00	2 900 350.00		2 507 619.50

表 2.5.16

固定资产—电子设备清查评估明细表

金额单位：人民币元

序号	设备编号	设备名称	规格型号	生产厂家	购置日期	启用日期	账面价值		调整后账面值		评估价值			增值率%
							原值	净值	原值	净值	原值	成新率%	净值	
1	C0101	空调	E13	松下	2006.6	2006.6	3 395.00	1 358.00	3 395.00	1 358.00	3 100.00	0.48	1 488.00	9.57
2	C0102	空调	E13	松下	2006.6	2006.6	3 395.00	1 358.00	3 395.00	1 358.00	3 100.00	0.48	1 488.00	9.57
3	C0103	空调	E13	松下	2006.6	2006.6	3 395.00	1 358.00	3 395.00	1 358.00	3 100.00	0.48	1 488.00	9.57
4	C0104	空调	E13	松下	2006.6	2006.6	3 395.00	1 358.00	3 395.00	1 358.00	3 100.00	0.48	1 488.00	9.57
5	C0105	空调	E13	松下	2006.6	2006.6	3 395.00	1 358.00	3 395.00	1 358.00	3 100.00	0.48	1 488.00	9.57
6	C0106	空调	E13	松下	2006.6	2006.6	3 395.00	1 358.00	3 395.00	1 358.00	3 100.00	0.48	1 488.00	9.57
7	C0107	空调	E13	松下	2006.6	2006.6	3 395.00	1 358.00	3 395.00	1 358.00	3 100.00	0.48	1 488.00	9.57
8	C0108	空调	E13	松下	2006.6	2006.6	3 395.00	1 358.00	3 395.00	1 358.00	3 100.00	0.48	1 488.00	9.57
9	C0109	空调	E13	松下	2006.6	2006.6	3 395.00	1 358.00	3 395.00	1 358.00	3 100.00	0.48	1 488.00	9.57
10	C0111	空调	E13	松下	2006.6	2006.6	3 395.00	1 358.00	3 395.00	1 358.00	3 100.00	0.48	1 488.00	9.57
11	C0112	空调	E13	松下	2006.6	2006.6	3 395.00	1 358.00	3 395.00	1 358.00	3 100.00	0.48	1 488.00	9.57
12	C0113	空调	E13	松下	2006.6	2006.6	3 395.00	1 358.00	3 395.00	1 358.00	3 100.00	0.48	1 488.00	9.57
13	C0114	空调	E13	松下	2006.6	2006.6	3 395.00	1 358.00	3 395.00	1 358.00	3 100.00	0.48	1 488.00	9.57
14	C0201	电脑	M4900	联想	2006.6	2006.6	5 998.00	2 399.20	5 998.00	2 399.20	4 050.00	0.52	2 106.00	−12.22
15	C0202	电脑	M4900	联想	2006.6	2006.6	5 998.00	2 399.20	5 998.00	2 399.20	4 050.00	0.52	2 106.00	−12.22
16	C0203	电脑	M4900	联想	2006.6	2006.6	5 998.00	2 399.20	5 998.00	2 399.20	4 050.00	0.52	2 106.00	−12.22
17	C0204	电脑	M4900	联想	2006.6	2006.6	5 998.00	2 399.20	5 998.00	2 399.20	4 050.00	0.52	2 106.00	−12.22
18	C0205	电脑	M4900	联想	2006.6	2006.6	5 998.00	2 399.20	5 998.00	2 399.20	4 050.00	0.52	2 106.00	−12.22
19	C0206	电脑	M4900	联想	2006.6	2006.6	5 998.00	2 399.20	5 998.00	2 399.20	4 050.00	0.52	2 106.00	−12.22
20	C0207	电脑	M4900	联想	2006.6	2006.6	5 998.00	2 399.20	5 998.00	2 399.20	4 050.00	0.52	2 106.00	−12.22
21	C0208	电脑	M4900	联想	2006.6	2006.6	5 998.00	2 399.20	5 998.00	2 399.20	4 050.00	0.52	2 106.00	−12.22
22	C0209	电脑	M4900	联想	2006.6	2006.6	5 998.00	2 399.20	5 998.00	2 399.20	4 050.00	0.52	2 106.00	−12.22
23	C0210	电脑	M4900	联想	2006.6	2006.6	5 998.00	2 399.20	5 998.00	2 399.20	4 050.00	0.52	2 106.00	−12.22
24	C0301	打印机	L1020	惠普	2007.1	2007.1	1 200.00	600.00	1 200.00	600.00	1 020.00	0.70	714.00	19.00
25	C0302	打印机	L1020	惠普	2007.1	2007.1	1 200.00	600.00	1 200.00	600.00	1 020.00	0.70	714.00	19.00
26	C0303	打印机	L1020	惠普	2007.1	2007.1	1 200.00	600.00	1 200.00	600.00	1 020.00	0.70	714.00	19.00
27	C0304	打印机	L1020	惠普	2007.1	2007.1	1 200.00	600.00	1 200.00	600.00	1 020.00	0.70	714.00	19.00
28	C0305	打印机	L1020	惠普	2007.1	2007.1	1 200.00	600.00	1 200.00	600.00	1 020.00	0.70	714.00	19.00
29	C0306	打印机	L1020	惠普	2007.1	2007.1	1 200.00	600.00	1 200.00	600.00	1 020.00	0.70	714.00	19.00
30	C0307	打印机	L1020	惠普	2007.1	2007.1	1 200.00	600.00	1 200.00	600.00	1 020.00	0.70	714.00	19.00
31	C0308	打印机	L1020	惠普	2007.1	2007.1	1 200.00	600.00	1 200.00	600.00	1 020.00	0.70	714.00	19.00
32	C0309	打印机	L1020	惠普	2007.1	2007.1	1 200.00	600.00	1 200.00	600.00	1 020.00	0.70	714.00	19.00
33	C0310	打印机	L1020	惠普	2007.1	2007.1	1 200.00	600.00	1 200.00	600.00	1 020.00	0.70	714.00	19.00
34	C0401	复印机	IR0000	Canon	2006.6	2006.6	117 950.00	56 026.25	117 950.00	56 026.25	93 300.00	0.57	53 181.00	−5.08
35	C0402	复印机	IR0000	Canon	2006.6	2006.6	117 950.00	56 026.25	117 950.00	56 026.25	93 300.00	0.57	53 181.00	−5.08
36	C0403	复印机	IR0000	Canon	2006.6	2006.6	117 950.00	56 026.25	117 950.00	56 026.25	93 300.00	0.57	53 181.00	−5.08
合计							469 965.00	215 724.75	469 965.00	215 724.75	370 900.00		207 087.00	−4.00

表 2.5.17   无形资产清查评估明细表

金额单位：人民币元

序号	内容或名称	取得日期	法定/预计使用年限	原始入账价值	账面价值	调整后账面值	尚可使用年限	评估价值	增值率%	备注
1	office2003 标准版	2004.09.01	5.00	16 450.00	822.31	822.31		822.31	0.00	
2	ASP 软件	2004.11.01	5.00	94 736.84	7 895.14	7 895.14		7 895.14	0.00	
3	Windows xp 日文版	2004.12.01	5.00	7 041.28	821.73	821.73		821.73	0.00	
4	用友软件网络版	2008.09.01	5.00	25 960.00	22 066.06	22 066.06		28 140.00	27.53	
5	Windows2003 微 软软件	2008.09.01	5.00	5 100.00	4 335.00	4 335.00		4 335.00	0.00	
6	DELL2950 服务器软件	2009.04.01	5.00	41 590.00	39 510.52	39 510.52		39 510.52	0.00	
7	OS（Windows server 2008 CHS STD）	2009.05.01	5.00	12 020.00	11 619.34	11 619.34		11 619.34	0.00	
8	CAL（Windows server 2008CAL）	2009.05.01	5.00	3 000.00	2 900.00	2 900.00		2 900.00	0.00	
9	土地使用权				9 686 859.20	9 686 859.20		9 686 859.20	0.00	
合计				205 898.12	9 776 829.30	9 776 829.30		9 782 903.24	0.06	

表 2.5.18

长期待摊费用清查评估明细表

金额单位：人民币元

序号	费用名称或内容	形成日期	原始发生额	预计摊销月数	账面价值	调整后账面值	尚存受益月数	评估价值	增值率%	备注
1	软件开发费	2007.6.1	239 960.00		143 976.00	143 976.00	36.00	143 976.00	0.00	摊销期限 60 个月
合计			239 960.00		143 976.00	143 976.00		143 976.00	0.00	

表 2.5.19

流动负债清查评估汇总表

金额单位：人民币元

编号	科目名称	账面价值	调整后账面值	评估价值	增值额	增值率%
9—1	短期借款					
9—2	交易性金融负债					
9—3	应付票据					
9—4	应付账款	−206 030.76	−206 030.76	−206 030.76	0.00	0.00
9—5	预收款项					
9—6	应付职工薪酬	337 700.29	337 700.29	337 700.29	0.00	0.00
9—7	应交税费	30 782.68	30 782.68	30 782.68	0.00	0.00
9—8	应付利息					
9—9	应付股利					
9—10	其他应付款	119 236.47	119 236.47	119 236.47	0.00	0.00
9—11	一年内到期的非流动负债					
9—12	其他流动负债					
9	流动负债合计	281 688.68	281 688.68	281 688.68	0.00	0.00

表 2.5.20

应付账款清查评估明细表

金额单位：人民币元

编号	户名（结算对象）	发生日期	业务内容	账面价值	调整后账面值	评估价值	备注
1	C物流公司		应付外包运费	—206 030.76	—206 030.76	—206 030.76	
合　计				—206 030.76	—206 030.76	—206 030.76	

表 2.5.21　应付职工薪酬清查评估明细表

金额单位：人民币元

编号	部门或内容	发生日期	账面价值	调整后账面值	评估价值	备注
1			337 700.29	337 700.29	337 700.29	半年奖
合计			337 700.29	337 700.29	337 700.29	

表 2.5.22

应交税费清查评估明细表

金额单位：人民币元

编号	征税机关	发生日期	税种	账面价值	调整后账面值	评估价值	备注
1	SS 区税务局	2009.5	个人所得税	30 782.68	30 782.68	30 782.68	
合计				30 782.68	30 782.68	30 782.68	

其他应付款清查评估明细表

表 2.5.23　　　　　　　　　　　　　　　　　　　　　　　　　金额单位: 人民币元

编号	户名（结算对象）	发生日期	业务内容	账面价值	调整后账面值	评估价值	备注
1	神龙贸易公司	2009.3	赔偿款	119 236.47	119 236.47	119 236.47	
合 计				119 236.47	119 236.47	119 236.47	

案例 2：中国移动股份有限公司价值评估

一、实验目的

使学生通过对中国消费结构变化、移动通讯行业的分析以及中国移动业务的了解，研究中国移动财务报表和相关财务数据，学习历史数据分析和未来增长预测的技巧，掌握在"鼎信诺"评估软件的支持下现金流折现法的应用，掌握建立现金流折现法的基本数据模型、财务报表数据整理和分析，建立财务预测模型，计算终值，计算中国移动股份有限公司价值股权价值，为潜在投资者提供股权投资的参考依据。

二、案例演示步骤

（一）介绍背景资料

中国移动股份有限公司（HK0941）在国内 31 个省（自治区、直辖市）设立全资子公司，并在香港和纽约上市。目前，中国移动有限公司是我国在境外上市公司中市值最大的公司之一，也是亚洲市值最大的电信运营公司。中国移动通信在我国移动通信大发展的进程中，始终发挥着主导作用，并在国际移动通信领域占有重要地位。

（二）介绍资产评估八大要素

评估主体：某某资产评估有限公司。

评估客体：即评估对象，指中国移动股份有限公司。在评估对象确定后，可以进一步确定评估范围，本案例的评估范围是评估基准日中国移动股份有限公司的整体企业价值。

评估依据：法律法规、经济行为文件、重大合同协议及取费标准、其他参考依据等。

评估目的：为潜在投资者提供对中国移动股份有限公司股权投资的参考依据。

评估原则：独立性、客观公正性、科学性及需要遵守的技术原则。

评估程序：项目委托、资产清查、评定估算、撰写和提交评估报告。

价值类型：从评估目的来看，委托人希望评估中国移动股份有限公司整体企业价值，从而为潜在投资者提供对中国移动进行股权投资的参考依据。根据现有的评估条件和所选定的评估方法，评估机构经过分析认为公司价值评估值应该反映它的市场价值，即该公司价值评估项目的价值类型属于市场价值。

评估方法：现金流折现法，这是通过预测资产未来预期收益并折算成现值，来确定被评估资产价值的一种资产评估方法，一般应用于整体资产评估和可预测未来收益的单项资产评估。当将企业作为一个整体进行评估时，其评估具有整体性特点，即评估价值中很难分解出企业各类单项资产的价值，故其价值不是各单项资产的简单加总，而是企业正常经营条件下的资本化价格。

（三）说明评估软件的应用要点

通过该案例需要掌握鼎信诺资产评估系统中的以下功能：

1. 业务流程

从评估软件的应用角度，掌握资产评估的四个业务流程，它们是：

（1）项目准备

（2）接收数据

（3）评定估算

（4）后期工作

2. 评估明细表的选择、设置以及数据处理

（四）解析重点难点

① 通过历史用户和历史资费分析，合理预测未来资费；

② 通过历史财务指标的分析，结合预测的未来资费，合理预测未来收入；

③ 通过历史数据分别计算 EBITDA、资本开支、营运资本，并分别预测未来的 EBITDA、资本开支、营运资本；

④ 计算自由现金流 FCF；

⑤ 确定终值增长速度；

⑥ 确定折现率；

⑦ 通过现金流折现求出当前公司价值。

三、实验任务、实验的可交付物

（一）实验任务

1. 制作评估明细表

2. 细化和完成评估说明

（1）细化未来资费、收入、资本开支、营运成本等的预测分析及计算过程；

（2）细化终值增长速度的确定理由；

（3）细化折现率的选取理由。

（二）实验可交付物

① 评估明细表

② 评估说明

③ 汇报用 PowerPoint 文档。

四、软件操作指导

（一）建立新项目

打开"鼎信诺"资产评估系统 V5.0 。

选择建立母项目。

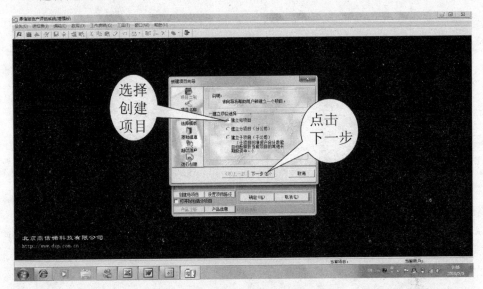

进入"创建项目向导"后，输入评估项目名称： "中国移动价值评估＊＊"，（＊＊代表学号和编号），单击下一步。

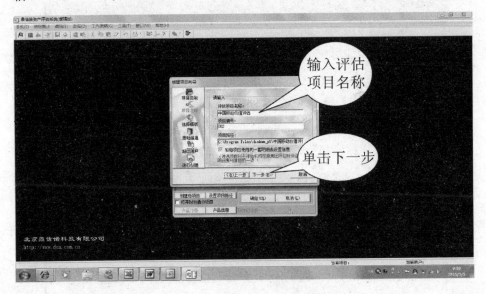

选择创建项目模板：2006 年会计准则。

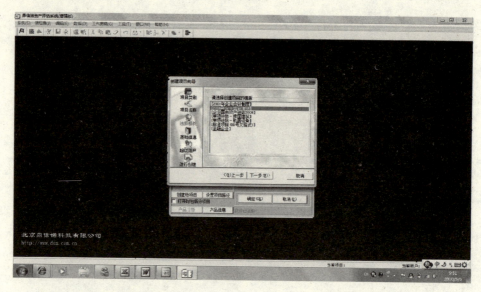

填写相关基础信息，其中"项目负责人"填学号末两位和自己姓名。

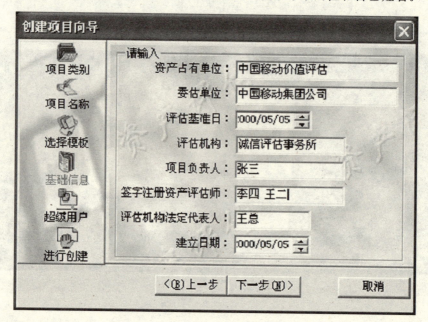

设置密码界面中，不设置密码，直接单击"下一步"，完成项目创建。

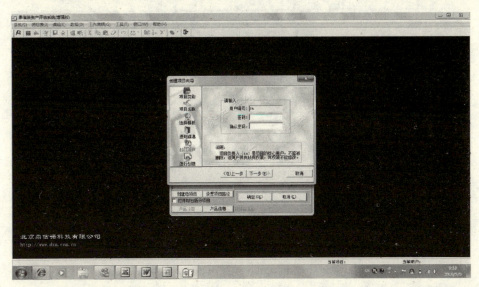

完成项目信息填写。

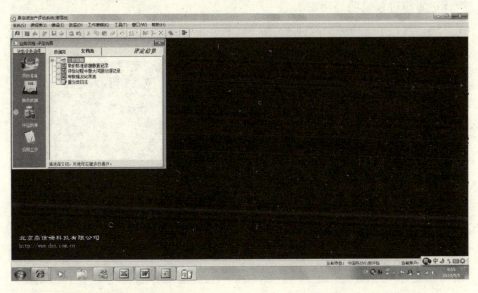

（二）建立收益法估值模型

在业务流程中选择文档类下的"工作底稿—收益法评估"。

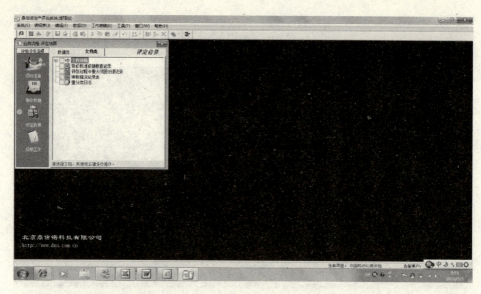

在收益法评估中依次按照相关明细表格填写数据，包括：历年财务指标分析表、未来收益预测表、整体资产收益现值法测算表、收益现值法整体资产评估测算过程说明等明细表。

根据历史数据，找出驱动变量，进行未来资费、收入、EBITDA、资本开支、营运资本的预测，计算自由现金流 FCF，确定中国移动终值增长速度和折现率，最后通过现金流折现得出当前公司的价值。

思考题：

1. 收益法在计算企业价值时与资产加和法的主要区别在哪里？你认为什么样的企业应采用收益法，什么样的企业应采用加和法？

2. 本实验所采用的数据基本集中在 2007 年以前，是对 2007 年 12 月 31 日评估时点的中国移动价值的评估，如果需要对 2010 年 12 月 31 日中国移动的价值进行评估，需要做哪些工作？

3. 假定实验中所采用的折线率保持不变，请根据中国移动现有的财务数据建立估值模型，得出现有的股权价值，并与 2007 年 12 月 31 日的价值相比较，分析价值变化的原因，给出数据说明。

附件1：上海新江湾城 D1 地块的背景资料

1. 项目背景与概况

1.1 项目背景

项目名称：上海市杨浦区新江湾城 D1 地块项目。

项目位置：上海市杨浦区新江湾城内，淞沪路东侧，殷行路南侧。

项目来源：上海市政府公开出让国有土地（上海房地局沪告字 2007 第 1 号），用地性质为住宅用地，该土地一级开发商为上海市城投公司。

出让方式：挂牌出让；07/5/31～07/6/1 报名并于 30 日前交 5 000 万元保证金；07/6/7～07/6/21 挂牌，起始价 51 600 万元，折合楼面地价 5 123 元/平方米，增价幅度 100 万元；挂牌截止时（16 点）仍有竞买人表示愿意继续竞价，转入现场竞价，最终价高者得。

地价支付：从签合同之日（摘牌后 5 个自然日内）起 60 天内付清土地出让金及大市政配套费；之前申请时的竞买保证金抵作土地出让金。其中，大市政配套费不包含在土地出让金（竞买成交价）内，单独按规划可建面积 290 元/平方米支付给上海城投；另还需按规划可建设面积向市房地局缴付 30 元/平方米的轨道交通建设费。

交地标准：付清地价款后 7 个工作日内，以净地（拆平及地面平整）交付。

竞争对手：该地块推出吸引了 30 多家房地产企业领取挂牌出让文件，其中包括华润、中海、凯德置地、仁恒、和记黄埔、新鸿基、东方海外、新加坡庆隆、好世置业、富力、万科、招商、广州恒大、重庆龙湖、绿城、江苏新城、复地、绿地、晟地集团、丽丰控股、百士达控股、新加坡华嘉及韩系开发商等；最终实际报名参加的共 11 家，万科、龙湖、绿城、富力、金地、华润、滨江、凯德、丽丰、庆隆及一家叫不出名字的企业。由于上海城区土地资源的稀缺性和本地块所在区位的优越性（众多国内外顶级品牌开发商的报名竞投本身就侧面印证了本地块的优越性），注定了本地块的竞争将非常激烈，拥有资金实力并能充分挖掘地块价值的开发商将最终获取本地块。

1.2　项目规划要求

表 1　　　　　　　　　　项目规划技术指标要求

主要规划指标	数　值
占地面积（m²）	59 254
规划计容建筑面积（m²）	100 731
容积率	1.7
建筑密度	≤25％
绿地率	≥35％，集中绿地率≥15％
建筑高度或层数	高层布置于西侧，限高 40 米

其他主要规划和建设要求：
- 套型建筑面积 90 平方米以下住房面积占住宅总建筑面积的最低比例不得小于 70％；
- 须在签订土地出让合同之日起 6 个月内动工建设，动工后 48 个月内竣工。

1.3　项目所在区位

本项目地块位于上海市杨浦区新江湾城内，东至政澄路，南至国晓路，西至淞沪路，北至殷行路。新江湾城毗邻和交融于杨浦区五角场城市副中心。

项目地块的区位具体如下两图所示：

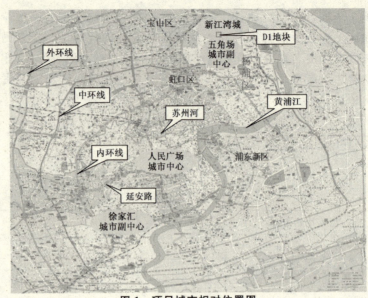

图 1　项目城市相对位置图

（距人民广场约 12 公里）

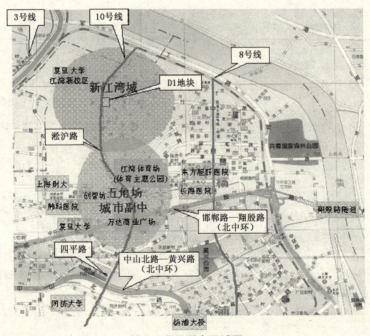

图 2　项目所在区域图

项目所在区域的发展现状和规划概况分别如下：

（更详细内容请见报告附件《杨浦区投资环境和五角场、新江湾城规划》专题报告）

1. 杨浦区

杨浦区位于上海中心城区东北部。东、南隔黄浦江与浦东新区相望，并有杨浦大桥、大连路隧道、翔殷路隧道及轮渡相通；西以大连路、密云路、逸仙路与虹口区相邻；北以新江湾城与宝山区相接。

杨浦区面积 60.61 平方公里，并有 15.5 公里长的滨江带。常住人口 124 万，户籍人口 108 万（2003 年），是上海九个中心城区中人口最多的一个区。

杨浦区 2006 年实现 GDP472 亿元，同比增长 12％。杨浦区为上海传统工业区，区内有国有大中型企业 100 余家。区内的五角场为上海四大城市副中心之一，目前正在崛起和日趋成熟，区内大型的生态居住区和大学科技园区新江湾城也已在开发建设中。

杨浦区还是上海的教育大区和学府中心，区内集中了复旦、同济、上财、上理工等 17 所著名高校及 26 所高中和 39 所初中。杨浦区在十一五规划中提出要建设"知识创新区"（上海三个创新基地之一），打造"知识杨浦"。预计未来几年内杨浦区内高科技创新型企业和产业园将依托大学资源迅猛发展。

杨浦区十一五期间的总体发展规划可概括为"一心、一城、一江、三区"。一心，即五角场城市副中心；一城，即新江湾城；一江，指黄浦江北岸，建设创新创业基地（上海知识产业园）；三区，即建设复旦大学、同济大学等若干国家级大学科技园特色区、大连路—控江路现代服务业积聚区和临江都市型产业积聚区。

2. 五角场城市副中心

五角场城市副中心又称江湾—五角场城市副中心，规划范围南起邯郸路—翔殷路—国定路，北至殷高路，东至民京路—国京路—国和路一线，西至国定路—政通路—国宾路一线，以淞沪路为南北向主轴，总用地面积约 3.5 平方公里。其北面部分区域即殷高路、淞沪路、闸殷路围合三角地同时在新江湾城规划范围内，两者融合，规划为知识商务中心。

五角场是上海城市总体规划确定的四个城市副中心之一（另三个副中心分别为徐汇徐家汇、浦东花木、普陀真如，黄浦区的人民广场为城市主中心），也是上海城市建设"一轴两翼"的北翼（一轴为延安路，南翼是徐家汇）。

其规划目标和功能定位为：集商业、知识产业、生活休闲、办公活动于一体的市级副中心，分解上海市中央商务区的公共服务功能，承担上海东北部地区城市综合功能。具体建设规划为沿淞沪路发展轴由南至北分别形成三个中心。南部在原五角场环岛周边形成商业商务中心，重点发展大型购物中心、文化娱乐设施、商务办公等配套设施，集购物、餐饮、娱乐、健身、文化、教育、休闲、展示等于一体，成为五角场市级副中心的核心；中部以中央社区为主体，在淞沪路两侧形成知识创新区公共活动中心，由公共活动中心、生活工作区和科技园区三部分组成。公共活动中心以知识创新区公共活动为特色，为大学校区、科技创新园区和公共社区提供配套服务；江湾体育场将改造成为体育主题公园；北部在三门路周边形成知识商务中心，通过建设现代新型休闲办公与商务区，建设知识创新基地，重点发展科技企业总部基地，引进国内外知名企业研发中心和科技中介机构入驻基地发展，同时兴办国际留学生教育和中外合作办学园区，使之成为上海非贸易创汇高地。

图 3　五角场城市副中心规划图

目前，五角场城市副中心正在崛起并日渐成熟，区域核心——五角场环岛周围的商圈和交通网络已基本成型，万达商业广场、百联又一城、沃尔玛等商业旗舰相继开业，西门子公司华东总部及其研发中心等知名跨国公司纷纷落户，城市副中心初具规模，城区功能不断增强。未来随着五角场地区大体量综合化、现代化商业设施和公共交通枢纽中心规划新建，它将成为未来"知识杨浦"的标志性地区，成为现代商业态齐全、综合功能积聚、科技创新特色明显的上海市东北部地区最大的商业商务中心和公共活动中心；成为北片的金融、信息、高科技、物流、交通的中心和枢纽，成为上海北片经济的发展中枢。

五角场作为上海城市副中心，作为上海城市建设"一轴两翼"的北翼，其发展潜力已引起各方广泛关注。徐家汇作为南翼，早已成型起飞。现在越来越多的人相信，作为后起之秀，五角场比肩徐家汇只是个时间问题。

3. 新江湾城

新江湾城位于上海中心城区东北面，地处原江湾机场用地，与五角场城市副中心一线相连并部分融合。1996 年机场迁建后被腾出来作为上海城市建设发展用地，规划建设新江湾城。规划范围东起闸殷路，南至政立路、西达逸仙路，北抵军工路，总占地面积 9.45 平方公里。其中，由上海城投实施综合开发的有 5 平方公里，1 平方公里为复旦大学江湾新校区，其余为军队用地。

新江湾城是目前上海中心城区内最后一块可供成片开发的区域，片区稀缺性特征明显。其目标是打造成一个全新的知识型、生态型花园城区。

根据《新江湾城结构规划》，由六大板块组成，分别为：（1）江湾天地；（2）复旦大学江湾新校区；（3）新江湾城公园；（4）自然花园；（5）都市村庄；（6）知识商务中心。开发建设的时间节点是：2005 年基本完成新江湾城道路、景观、水系工程，同时建成生态博物馆、文化中心、体育中心三大公建项目；2007 年初具功能形态；2010 年基本建成。具体的开发节奏是：首期配合复旦大学江湾新校区，启动江湾城公园板块工程；二期配合五角场市级副中心功能建设，启动新江湾城知识商务中心和都市村庄板块一期工程；三期启动江湾天地和自然花园板块工程。建成后的新江湾城将是一个知识型、生态型花园城区。

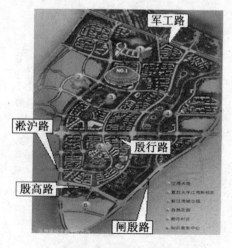

图 4　新江湾城规划图

新江湾城生态环境相当优越，区域内植物种类达 237 种，哺乳动物有水獭、小灵猫等 9 种，鸟类有鸣禽和涉禽两大类 114 种，两栖、爬行动物 17 种，鱼类 18 种，昆虫 14 目 122 科 352 种。其中公共景观绿化面积占总用地 20% 以上（约 90 万平方米），加上小区中的绿化，新江湾城总绿化面积将达 50% 左右。水系面积占新江湾城总用地面积的 8.7% 左右（约 40 万平方米）。区域内规划居住建筑面积毛密度 0.6 万平方米/公顷，住宅建筑面积净密度为 1.1 万平方米/公顷。9.45 平方公里的整体范围内规划总居住人口 8 万～10 万人，居住人口密度每平方公里万人左右，居住舒适度高。

上海城市新一轮发展主轴将沿黄浦江南北展开，新江湾城正处于这一发展主轴之上。同时，新江湾城毗邻五角场城市副中心并且是其重要组成部分。新江湾城不是杨浦区的新江湾城，而是上海市的新江湾城。优越的自然生态环境和高起点的建设规划，毗邻和融合于五角场城市副中心的地位，并结合上海市黄浦江南北两岸开发的主旋律，意味着新江湾城巨大的发展潜力和机遇。

1.4　项目地块现状及四至

项目地块现状及四至具体如下图所示：

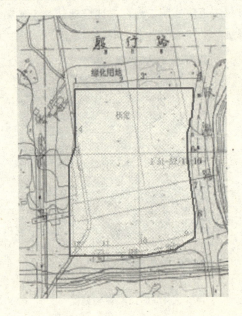

（1）地块现状

■ 地块被淞沪路、殷行路、政澄路和国晓路围合而成。

■ 地块形状方正，植被已铲平成净地，生态环境良好。

■ 地块西北和西南角（紧靠淞沪路）有轨道 10 号线站点临建设施，目前正在开工建设轨道站点。轨道站点设置在地块西北角。

（2）地块四至

■ 东面：紧靠政澄路（支路），路对侧为一空地（植被覆盖，并有生态河穿过），规划为中福幼儿园和上音附中。

■ 西面：紧靠淞沪路（主干道）和轨道 10 号线（在建），路对侧为一生态绿化用地（湿地）。

■ 南面：紧靠国晓路（支路），路对侧为一空地（植被覆盖）。

■ 北面：紧靠殷行路（次干道），路对侧为汉斯商业地块（C5），再往北为新江湾城公园（含体育中心和文化中心）和复旦大学江湾新校区。

地块内部无拆迁

淞沪路沿线正在施工的轨道交通10号线

地块内生态环境良好

图5 项目地块现状及四至图

1.5　项目周边交通、配套及环境

项目周边交通、配套及环境具体如图 6 所示：

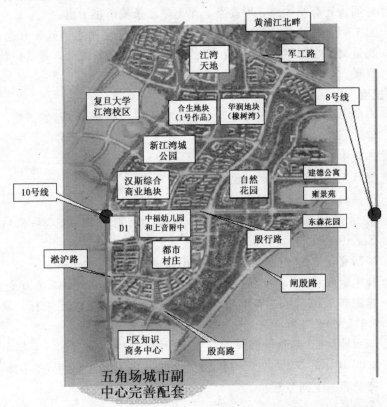

图 6　项目周边交通、配套及环境图

1. 交通

■　淞沪路：主干道；通过此路至五角场城市副中心（五角场环岛）约 2
公里路程。从五角场通过四平路（主干道）可直达市中心人民广场和
外滩，通过中环线翔殷路隧道至浦东外高桥保税区，通过黄兴路连接
内环线跨过杨浦大桥通往浦东陆家嘴金融区和浦东机场。

■　殷行路：次干道；通过此路通往新江湾城东部中原地区，至中原路轨
道 8 号线约 2 公里路程。

- 轨道交通 10 号线：外高桥至虹桥机场，在新江湾城区内与淞沪路重合，紧靠本地块并设站点（殷行站）。
- 轨道交通 8 号线：开鲁路至济阳路（世博会区），与中原路重合，距地块约 2 公里。
- 另周边还有闸殷路、殷高路、军工路三条城市主干道。
- 目前，上述几条公路已均建好，并已建好公交站点（尚未开通），而轨道交通也即将建好。本项目的交通非常发达和便捷，地块价值更加显现。

2. 配套

- 南面 2 公里处五角场城市副中心完善成熟的配套（学校、医院、商业等）。
- 体育中心和文化中心，已建好。
- 复旦大学江湾新校区，已建好。
- 中福幼儿园和上音附中。
- F 区知识商务中心，90 万平方米，规划有商业、商办、酒店、SOHO 等。
- 汉斯商业地块（C5 地块）：规划有商业、酒店、办公等。
- 合生地块 C1 地块（新江湾城 1 号作品）：占地面积 17.7 万平方米，容积率 1.6；2004 年年底珠江投资以总价 15.9 亿元中标，楼面价 5 617元/平方米。
- 华润地块 C2 地块（橡树湾）：占地面积 14.4 万平方米，容积率 1.6；2006 年年底华润以总价 15.4 亿元中标，楼面价6 684元/平方米。
- 雍景苑（上海梦想）
- 东森花园
- 建德公寓

3. 环境

- 周围成片生态湿地、绿地和河流
- 淞沪路、殷行路两侧绿化景观带和生态河
- 新江湾城公园
- 自然花园
- 江湾天地
- 都市村庄
- 黄浦江

2. 上海市宏观经济及房地产市场简析

2.1　上海市宏观经济分析

表 2　　　　　　　　　上海市宏观经济及居民生活水平指标

项　目		2001 年	2002 年	2003 年	2004 年	2005 年	2006 年	同比增幅	复合增幅
宏观经济及居民生活水平指标	GDP 总量	4 951	5 409	6 251	7 450	9 144	10 297	12.6%	15.8%
	人均 GDP（按常住人口）					51 429	56 733	10.3%	
	居民人均可支配收入	12 883	13 250	14 867	16 883	18 645	20 668	10.9%	9.9%
	全市常住人口	—	—	—	—	1 778	1 815	2.1%	

注：人均 GDP 改按常住人口计算。

指标解读与结论：

➢ GDP 总量、人均 GDP 和居民人均可支配收入三指标均以超过 10% 的增幅高速增长，人均 GDP 接近 7 500 美元，总体经济发展水平处于全国龙头地位，No.1 地位无可争议。上海房地产市场发展具有坚实的宏观经济基础。

➢ 目前，全市常住人口已突破 1 800 万。根据规划，上海十一五期间平均每年新增人口 24 万，来沪流动人口占全市人口比重越来越大，巨大的外来人口和中心城区人口正逐步向上海外环线以外区域扩展。目前，上海内环线以内、内中环之间、中外环之间、外环线以外的人口密度分别为 3.4、1.75、0.7、0.14 万人/平方公里。上海城市化加速、人口膨胀和居民住房改善所带来的住房需求，将有力支撑上海房地产市场的发展。

2.2 上海市房地产市场分析

表3   上海市房地产市场供需指标

项　目		2001 年	2002 年	2003 年	2004 年	2005 年	2006 年	增速/合计/均值
房地产市场供需指标	固定资产投资额	1 995	2 187	2 452	3 085	3 543	3 925	14.5%
	房地产开发投资额	631	749	901	1 175	1 247	1 275	15.1%
	住宅用地出让面积（可建面积）	3 729	3 393	3 149	2 888	0	616	13 775
	商品住宅新开工面积	2 161	2 310	2 613	2 669	2 486	2 112	14 351
	商品住宅施工面积	5 237	5 995	6 974	7 873	8 092	7 988	42 159
	商品住宅竣工面积	1 744	1 881	2 281	3 270	2 740	2 699	14 615
	商品住宅供应量（批准预售面积）	1 580	2 168	3 150	3 080	2 580	2 200	14 758
	商品住宅成交量（销售面积）	1 792	2 587	2 711	3 310	1 794	2 147	14 341
	商品住宅供应量/成交量（供需比）	0.88	0.84	1.16	0.93	1.44	1.02	1.05
	商品住宅新开工面积/施工面积	0.41	0.39	0.37	0.34	0.31	0.26	0.35
	商品住宅施工面积/销售面积	2.92	2.32	2.57	2.38	4.51	3.72	3.07
	商品住宅销售均价	3 866	4 134	5 118	6 489	6 698	7 039	12.7%

　　注：商品住宅指标均包含配套商品房。其中，供应量和成交量数据摘自易居房地产研究院，销售均价数据来源于上海市统计局。另住宅用地出让面积指经营性住宅用地，不包含配套商品房用地。

　　另据市场数据（来源于上海网上房地产）：

　　截至 2007 年 6 月 7 日，本年度全市商品住宅（一手房）累计销售面积（成交量）已达 996 万平方米。其中，成交分布以套数计，内环以内占 11%、内外环间 37%、外环外 52%；商品住宅均价内环以内18 170元/平方米、内外环间9 780元/平方米、外环外6 350元/平方米，加权平均，全市整体商品住宅均价8 919元/平方米。短短 5 月内，比 2006 年全年均价上涨高达 26.7%（此前提基础是市统计局公布的历年均价与网上房地产现时点显示均价统计口径一致，具可比性）。

　　指标解读与结论：

➤ 房地产开发投资每年保持 15% 左右的高速增长，增长幅度基本与 GDP 增长同步；占固定资产投资额比重基本维持在 30％～40％区间内，为拉动上海经济增长的主要力量之一。

➤ 住宅用地出让面积逐年下降，2005 年零供应，2006 年也仅供应 616 万平方米（可建面积），远低于历史水平，土地供应不足。历年商品住宅新开工面积/施工面积平均为 0.35，2006 年仅为 0.26，也侧面反映和印证上海新增土地供应不足的现实。上海土地供应短缺的局面在未来 2 年内难以有较大改变。因此，预计未来几年商品住宅新增供应将不断减少。

➤ 历年累计供应量 14 758 万平方米，而累计成交量 14 341 万平方米，两者差值 417 万平方米。以此推算，截至 2006 年年底，上海全市累计存量商品住宅（一手房，已批售但尚未售出）为 417 万平方米，一手房"库存"有限，空置较少，去化良好。

➤ 商品住宅供应和成交量在 2004 年达到高峰，双双突破 3 000 万平方米；2005 年受宏观调控影响，双双回落，成交量回落幅度高达 46％，供需比上升至 1.44；2006 年，供应仍继续下降，而成交量开始回升，供需比为 1.02，市场态势回暖好转。历年市场平均供求关系为 1.05，供求基本平衡。

➤ 2006 年商品住宅成交量 2 147 万平方米，同比增幅高达 19.7％，且该年为经历过宏观调控洗礼后的一年，可认为反应上海市场真实的刚性需求；2007 年截至 6 月 7 日，累计成交量以达 996 万平方米，按此趋势，保守估计全年成交将突破 2 500 万，增幅在 16％以上。随着上海经济高速发展、城市化加速和人口不断导入，预计未来需求将以不低于 15％的增幅不断增长。

➤ 据上分析得到：上海未来商品住宅需求旺盛，增长势头强劲；与此同时，未来商品住宅新增供应受土地供应客观限制而相对有限，且有不断降低之势，而存量商品住宅也较为有限。基于此，可以预计：上海未来二三年内商品住宅市场将处于供不应求的状态，且这种状态有不断加剧之势。

➤ 商品住宅销售均价 5 年年均复合增长率为 12.7％，其中 2004 年价格飙升 25.4％，随后受宏观调控影响，涨幅回落并趋于平缓，2006 年全市均价涨幅为 5.1％，市场回归理性和健康。而到 2007 年 6 月初，全市均价攀升至 8 919 元/平方米，短短 5 月内，比 2006 年全年均价上涨高达 26.7％，上涨态势明显。上海商品住宅供不应求的态势及受世博会影响，决定了上海未来几年的销售均价将持续快速增长。

➢ 一点旁引和佐证：5 月全国食品价格同比上涨 6.3％，36 个大中城市猪肉价格同比涨幅超 40％，生活基本和必需消费品如此之涨，兼具投资保值功能的房子似乎没有理由不涨。

2.3 杨浦区房地产市场分析

本项目所在的新江湾城隶属于杨浦区，但新江湾城不仅是杨浦区的新江湾城，更是上海的新江湾城。目前其房地产市场属性已从区域属性向全市属性转变。对于项目所定位的高端公寓市场而言，更是如此。因此，本章节对杨浦区房地产市场分析仅供辅助参考。

表4　　　　　　　　杨浦区房地产市场供需指标

	年份	2004 年	2005 年	2006 年	2007 年（1～5 月）
杨浦区	批准预售面积	94.43	43.2	74.46	26.34
	预售登记面积	106.35	39.74	82.49	33.68
	供需比	0.89	1.09	0.90	0.78

数据来源：上海申房新生代机构。

指标解读与结论：

➢ 区域需求强劲，除 2005 年受调控影响有所波动外，其他各年供需比均低于 1，处于供不应求状态；

➢ 政府宏观调控是导致区域 2005 年供需双降的主要原因；

➢ 杨浦作为上海中心城区之一，具较为典型的需大于供的城市土地格局，其老城区部分（内环内）土地供应后续供应能力有限，其商品住宅需求明显受制于供应，或者说是供应在牵引需求；

➢ 随着区内五角场城市副中心的崛起，地铁八号线、十号线的通车，将进一步改善区域现有城市面貌和交通状况，导入更多的外区人口。预期杨浦区市场需求在未来将会明显增加。

3. 项目板块及细分市场分析

3.1 新江湾城—五角场板块市场供需分析

　　鉴于本项目的全市属性，我们在分析项目所在板块时，将范围锁定在本项目所属的新江湾城板块及其毗邻的五角场板块（下图圈出的浅色地块）。

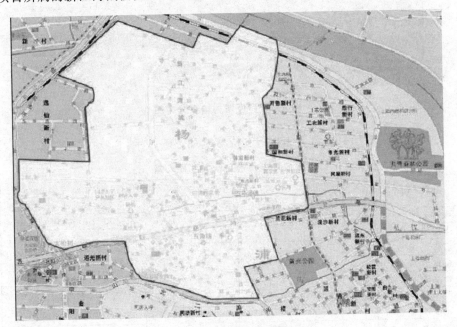

图 7　项目所在板块范围图

3.1.1 新江湾城—五角场板块历年供需分析

　　分析和统计板块历年商品住宅供应和需求（成交量）时，我们采用板块内项目穷尽法进行罗列和累加得到。

　　板块内的各项目楼盘分布如下图所示：

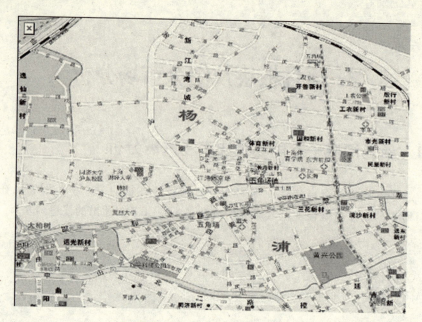

图 8 项目板块内楼盘分布图

板块内的各项目楼盘历年推售和成交量如下表所示：

表 5　　　　　　　　　　　　板块内项目历年推售和成交量

项　目	2004 年		2005 年		2006 年		2007 年（1～5 月）	
	供应量	成交量	供应量	成交量	供应量	成交量	供应量	成交量
雍景苑	31 287	25 644	38 510	36 446	41 442	39 190	18 462	41 024
建德国际公寓			25 913	2 391	50 109	46 808	0	17 643
东森花园					44 848	29 624	0	9 930
盛世豪园					28 409	8 120	0	19 449
合生国际公寓					94 306	76 032	11 413	23 316
海上硕和城					53 700	45 481	35 220	34 949
林绿家园					34 325	27 575	0	13 002
怡福苑			29 629	23 910	0	7 086	0	0
东方家园			9 307	9 333	0	187	0	0
创智天地					8 694	1 282	0	4 445
政立苑					11 991	2 852	0	3 797
无锡大厦	4 998	267	0	759	0	160	0	537
皇朝新城	1 474	743	0	729	0	122	0	0
兴平昌苑	18 646	21 187	0	317	0	0	0	0
累计（万）	5.6	4.8	10.3	7.4	36.8	28.4	6.5	16.8
供需比	1.18		1.40		1.29		0.39	

指标解读与结论：

➢ 2004、2005 和 2006 年板块供应和成交量均呈每年加速递增走势。其中，供应 2005 年和 2006 年分别同比增长 83％和 256％；需求 2005 年和 2006 年分别同比增长 54％和 285％，双双高速增长，势头强劲。

➢ 与此同时，2004、2005 和 2006 年的供需比均高于 1，总体处于供过于求状态，板块市场特征表现为区域属性。

➢ 而自 2007 年以来，随着五角场市级副中心地位的不断崛起，同时新江湾城又是上海市区最后一块大面积开发的生态环境非常良好的用地，加上人文气息浓郁的大学城概念，整个板块正由区域属性向全市属性转变。

➢ 2007 年 1～5 月份，供应降低为仅 6.5 万平方米，而需求继续强劲上升，达到 16.8 万平方米，已超过 2006 年全年的一半，供需比为 0.39。不但消化了 2007 年 1～5 月新增供应，2005 和 2006 两年的存量供应也得到大量消化。这反映了板块大环境不断改善，逐步为市场所接受，市场特征转变为全市属性的客观事实和趋势。

3.1.2 新江湾城—五角场板块未来供应预测

1. 新江湾城板块未来供应预测

根据《新江湾城结构规划》和《新江湾城居住区控制性详细规划》确定的新江湾城居住区住宅建筑面积约为 248.8 万平方米，分布在其中的 A、B、C、D 四区。此外，F 区（知识商务中心，同时隶属于五角场板块）也规划有 18 万平方米的住宅面积作为知识商务中心的配套。具体规划建设如下图表所示：

表6　　　　　　　　　　　新江湾板块规划建设

	A	50.7 万平方米
	B	38.0 万平方米
	C	92.9 万平方米
	D	67.2 万平方米
	合 计	248.8 万平方米

目前，新江湾城已售罄项目为 A 区时代花园；正在售并进入尾盘项目包括 A 区的雍景苑（上海梦想）、建德国际公寓和 D 区的翡翠东森花园；在售且出于前中期的项目为 C 区的合生江湾国际公寓；已获取未来将推售的地块包括 C 区的华润橡树湾和汉斯综合项目（含高级公寓）。具体如下表所示：

表 7　　　　　　　　　　　　　新江湾板块项目销售现状

板块已供应和潜在土地供应量		用地性质	用地面积	容积率	可建住宅面积
已供应开发土地	时代花园	居住	13.3	1.2	16
	雍景苑	居住	8.3	1.8	15
	建德国际公寓	居住	5.6	1.6	9
	翡翠东森花园	居住	2.9	1.9	5.5
	合生江湾国际公寓	居住	17.7	1.6	28.3
	华润橡树湾	居住	14.4	1.6	23
	汉斯综合项目	综合	25（综合）	1.45	21
小　计					117.8
2007年下本年和2008年计划供应土地	D1 地块（本项目）	居住	5.9	1.7	10
	F 区地块	综合	10.6(住宅部分)	1.7	18
	C4 地块	居住	10.8	0.8	8.6
	C6 地块	居住	13.3	0.8	10.6
小　计					47.2
总　计					165

注：城投原定在 2007 年下半年推出 F 区地块，2008 年推出 C4 和 C6 地块。但若 2007 年下半年 F 区地块推不出来，也会考虑先推 C4 和 C6 地块，2008 年再推 F 区地块。

考虑到该区域在售项目目前实际推盘进度和去化速度，同时 2007、2008 年供应地块平均按下一年上市 30%、再下一年上市 70% 估算，则可推算出新江湾城板块 2007—2009 年内可供应量，如下表所示：

表 8　　　　　　**2007—2009 年新江湾板块住宅可供销量推测表**

未来几年板块内可售面积		住宅尚可售面积	2007 年	2008 年	2009 年
各项目销售进度	雍景苑	2	2		
	建德国际公寓	0.8	0.8		
	翡翠东森花园	0.6	0.6		
	盛世豪园	15	10	5	
	合生江湾国际公寓	18.56	10	8.56	
	华润橡树湾	23	3	10	10
	汉斯综合项目	21		8	13
	合计	80.96	26.4	31.56	25
本项目(D1)可供销售面积		10	/	3	7
其他可供销售面积（2007 下半年及 2008 年）		37.2	/	5.4	18.36
合　计		128.16	26.4	39.96	48.36

注：盛世豪园紧靠新江湾城闸殷路边界线，也将其纳入新江湾城板块供应范围；板块内 2007 年下半年和 2008 年计划推售的 37.2 万平方米（包含 F 区知识商务中心 18 万平方米），在 2008、2009 年推售 23.76 万平方米，剩余部分在 2009 年之后推售。

2. 五角场板块未来供应预测

五角场城市副中心的定位使得该板块不具备出让纯住宅用地的可能。五角场城市副中心规划开发规模为 287 万平方米，其中住宅 56 万平方米，包括同时隶属于新江湾城 F 区知识商务中心规划的 18 万平方米住宅面积，及创智坊综合地块的 23.3 万平方米住宅面积，不包括目前其他已出让和在售的项目。剔除前二者，则板块内尚有规划的 14.7 万平方米住宅面积有待出让和开发。

考虑到该区域在售项目目前实际推盘进度和去化速度，且尚未出让和开发的 14.7 万平方米规划面积按平均 2008 年上市 20%、2009 年上市 40%，2010 年上市 40%估算，则可推算出五角场城板块 2007—2009 年内可供应量，如下表所示：

表 9 　　　　　2007—2009 年新江湾板块住宅可供销量推测表

未来几年板块内可售面积		住宅尚可售面积	2007 年	2008 年	2009 年
各项目销售进度	创智坊	23.3	8	10	5.3
	林绿家园	0.5	0.5		
	怡福苑	0.15	0.15		
	海上硕和城	14	10	4	
	合计	37.95	18.65	14	5.3
其他可供销售面积		14.7			2.9
总　计		52.65	18.65	16.9	11.2

3. 新江湾城—五角场板块未来供应预测

综上分析和统计，新江湾城—五角场板块未来几年可供应量预计如下：

表 10 　　　2007—2009 年新江湾城—五角场板块住宅可供销量推测表

未来几年板块内可售面积	住宅尚可售面积	2007 年	2008 年	2009 年
新江湾城板块	125.66	26.4	39.96	48.36
五角场城市副中心板块	52.65	18.65	16.9	11.2
新江湾城—五角场城市副中心板块	178.3	45.05	56.86	59.56

综合分析显示，区域板块 2007 年供应相对较低，2008、2009 年供应较高。

由于新江湾城—五角场板块所具有的全市属性，板块的市场知名度对其而言非常重要。板块内未来推出的项目越多，板块内共赢的可能性就更高。因此，2008、2009 年供应相对较高的态势，对本项目而言既面临有竞争威胁，同时又有相互借势和实现共赢的机会。在某种程度上而言，机会大于威胁。

在这方面，浦东的三林板块是很好的佐证。

3.1.3 新江湾城—五角场板块未来需求预测

整个板块 2005 年和 2006 年成交量分别同比增长 54％和 285％，需求上涨势头强劲。2007 年以来，整个板块正由区域属性向全市属性转变，需求继续保持快速增长，1～5 月份成交量达到 16.8 万平方米，已超过 2006 年全年 28.4 万平方米的一半。

对比浦东三林板块，在 2005、2006 年期间，三林板块也面临着区域属性向全市属性的转变，2005 年的三林还是以区域市场为主，2006 年则成功突破了区域市场的瓶颈，成交量由 2005 年的 26.6 万平方米突增至 2006 年的 55.7 万平方米，增幅高达 88.47％；2007 年 1～5 月的成交量已达到 24.6 万平方米，保守预计全年将达到 60 万平方米。

而新江湾城—五角场板块无论是现状还是规划，都优于三林，而且也正经历着多家品牌开发商入驻（三林也有类似经历）的阶段。

基于以上分析，我们认为：正由区域属性向全市属性转变的新江湾城—五角场板块。保守估计，2007 年的需求量增幅将达到 42％以上，2008、2009 年需求增幅将分别保持不低于 40％、30％的增长。保守估计，板块未来 2007—2009 年间的需求量如下：

表 11　　　　　　　　　项目所在板块需求量及增幅预测

板块需求量及增幅预测	2004 年	2005 年	2006 年	2007 年	2008 年	2009 年
需求量	4.8	7.4	28.4	40.32	56.45	73.38
同比增幅	—	54％	258％	42％	40％	30％

3.1.4 新江湾城—五角场板块总体供需走势

基于以上历史统计和未来预测，得到该板块的历史和未来供需总体走势判断，如下表所示：

表 12　　　　　　　　　项目所在板块历史及未来供需走势推测表

板块供需走势 最终判断	2004 年	2005 年	2006 年	2007 年 （1～5 月）	2007 年	2008 年	2009 年
供应量	5.6	10.3	36.8	6.5	45.05	56.86	59.56
需求量/成交量	4.8	7.4	28.4	16.8	40.32	56.45	73.38
供需比	1.17	1.39	1.30	0.39	1.12	1.01	0.81

从上表分析可得到：2007 年区域市场仍表现为供过于求得格局，但 2008 年将达到均衡，2009 年则表现为供不应求的市场格局，未来市场向好，将有力地支撑本项目未来的售价和去化速度。

3.2 全市高端住宅公寓细分市场供需分析

鉴于本项目的全市属性和具有打造高端公寓的先天条件，我们在考虑项目供求时，不仅着眼于区域市场内，而且放眼于上海全市的高端公寓市场。

3.2.1 上海高端公寓界定及区域分布

高端公寓界定：单价18 000元以上，总价 350 万元以上的公寓

上海高端公寓市场主要分布在浦西、陆家嘴区域，且主要分布在内环线内及内中环线。具体如下图所示：

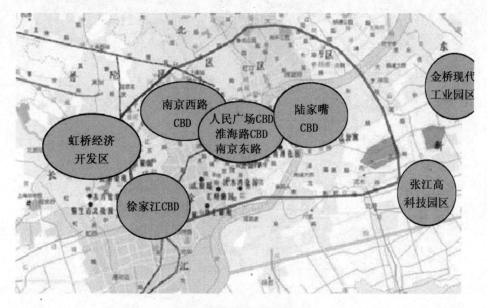

图9 上海高端公寓分布图

所在板块（区域）通常具有以下特征：
- 位于城市中心位置，土地供应较少，享有稀缺资源
- 文化底蕴浓厚
- 商业及生活配套完善

- 交通便捷
- 景观优势明显
- 毗邻高档办公区
- 高收入客户资源丰富

3.2.2 眼光决定高度——站在世界的角度看上海，站在全市的角度看新江湾

经过十几年的发展，古北、碧云国际社区在虹桥开发、浦东开发的大背景下，已成为公认的上海高端居住社区。我们从其成型的条件及成熟的过程判断认为，新江湾城具备了成为第三个国际居住社区的条件。

1. 古北国际社区和碧云国际社区经验总结

（1）古北（昨天）、碧云（今天）、新江湾城（明天）地理位置分布

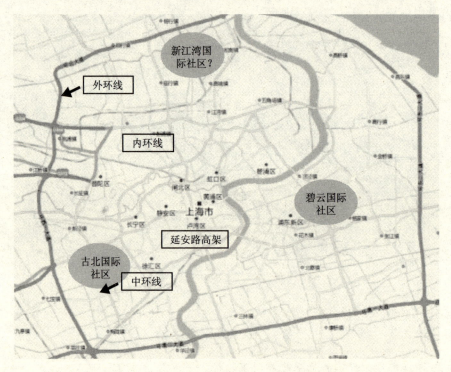

图10　古北、碧云、新江湾城地理位置图

（2）六大支撑

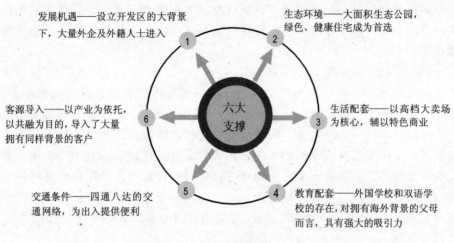

发展机遇——设立开发区的大背景下，大量外企及外籍人士进入

生态环境——大面积生态公园，绿色、健康住宅成为首选

客源导入——以产业为依托，以共融为目的，导入了大量拥有同样背景的客户

生活配套——以高档大卖场为核心，辅以特色商业

交通条件——四通八达的交通网络，为出入提供便利

教育配套——外国学校和双语学校的存在，对拥有海外背景的父母而言，具有强大的吸引力

图 11　六大支撑

2. 新江湾城成为高端国际社区所具备条件

（1）新江湾 30 分钟辐射区域

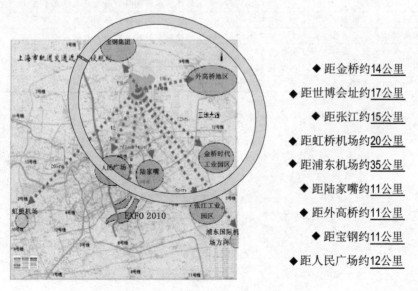

◆ 距金桥约14公里

◆ 距世博会址约17公里

◆ 距张江约15公里

◆ 距虹桥机场约20公里

◆ 距浦东机场约35公里

◆ 距陆家嘴约11公里

◆ 距外高桥约11公里

◆ 距宝钢约11公里

◆ 距人民广场约12公里

图 12　新江湾 30 分钟辐射区域

新江湾城的半小时交通圈内辐射及外高桥、陆家嘴、张江、外滩、人民广场等商务办公区。经验判断，在新江湾城大的生态背景下，只要我们能提供一种区别于市区公寓的产品，则我们认为该项目将会成为辐射东上海的高端楼盘。

（2）区域产业发展

杨浦作为一个传统的大学城区域，在多年教育产业积累沉淀的带动下，派生出较多的大学孵化园以及产业基地，其中注册的公司较多与知名大学挂钩，并给予学校一定的股份，同时享受学校提供的最新技术以及优秀的人才资源库。由于知名高等学府的带动，相关产业在该区域内形成相当规模，并具有一定特色。如同济大学周边的建筑设计行业，复旦大学周边的高科技园区等。同时在新江湾城南片规划的知识商务中心地上90万平方米，地下40万平方米，土地预计2007年—2008年推出，以商务、办公为主，2010年正式投入使用。

表13 　　　　　　　　　　　　**区域产业发展情况**

名　称	地　址	校园产业
远洋广场	四平路1188号	以同济大学三产的建筑装潢、设计公司为主
卫百辛大厦	控江路1686号	同济大学三产建筑设计、装潢公司居多
同济科技大厦	中山北二路1121号	软件、建筑装潢、科技产品研发企业
同济科技大厦（商务中心）	中山北二路1121号	软件、建筑设计、晒图、建筑装潢等
杨浦高新技术产业园区	中山北二路1111号	软件公司、建筑装潢、科技产品研发企业
复旦科技园国权分园	国权路39号	研究、产业、风险投资、展示、高档居住
沪东金融大厦	翔殷路1128号	生物、金融、传媒等
复旦科技园杨浦孵化基地	邯郸路146号	生物、医药、软件、科技研发等

（3）五角场城市副中心辐射力将会逐渐释放和扩大

图13　五角场城市副中心辐射力

五角场定位为集商业、知识产业、生活休闲、办公活动于一体的市级副中心。以邯郸路、淞沪路的五角场环岛为中心，呈"一圈五线"的星状布局。借助现有的高校资源和闲置厂房，其周边的商务办公楼将成为高科技研发企业、都市工业和海归人士创业基地的聚集地。

而随着万达广场、巴黎春天等大型综合性百货商场的开张营业，五角场的商业大片终于拉开序幕。到 2010 年时，整个"环岛"地区的现代商业商务中心将基本建成。其"两站—区间"的地下空间工程也将同步建成，环岛周围将形成四通八达、绵延 3 公里的地下步行系统，建成 40 万平方米的地下综合体。

2007 年已投入和在建的商办物业如下表：

表 14　　　　　　　　　五角场城市副中心已投入及在建商办物业

专案	产品类型	等级	建筑面积	入住时间	租售状况	客户情况	状态
未来窗	办公楼	5A 甲级	33 万平方米	2007 年年底	出售(均价：13 800)	IT、咨询、设计等	在建
蓝天大厦	办公楼	5A 甲级	4 万平方米(办公 1.8 万平方米)		/		
华联又一城	商业	Shoppingmall	13 万平方米	2007 年 5 月	出租	SEPHORA 化妆品、"现代厨房"时尚餐饮、冠军溜冰场	已投入使用
万达商业广场	商业	Shoppingmall	16 万平方米	2006 年底	出租	香港新世界百货、沃尔玛、时代华纳、百安居、台湾特立和德国霍力家具装饰装潢广场等多家跨国商业以及上海最大的黄金珠宝广场	已投入使用
麦科特金亿广场	商业	Shoppingmall	11.5 万平方米		/		在建
戎鑫大厦	商务	商住楼	23 181 平方米	2004 年 12 月	出租、出售	IT、咨询、设计	已投入使用
亚繁商厦	商业	商场	2 万平方米		出租	/	

总体而言，五角场目前便利的交通、丰富的产业依托，为其整体建设带来了极强的后备能力。5A 甲级写字楼，品牌 SHOPPINGMALL，在五角场现有的商业基础上，又增加了更多的商业亮点。万达、华联、麦科特金亿以及已经重新包装的东方商厦，标志着上海、全国乃至世界的著名商业地产大亨都纷纷把目光投向了五角场这片热土。有了这些开发商的联手打造，五角场的商业氛围将有较大规模的改善。从目前在建的商业类型来看，各个商业大亨在进行商业开发时，非常关注产品线的互相促进，能够合理、有序、互

动地进行产品组合以及开发，使不同的产品线穿插，从而使得区域本身就能产生良好的商业氛围的内部塑造，稳固住五角场区域本身已有的商业人群。

基于此，我们认为，五角场作为城市副中心和区域商业中心，其辐射力随后得逐渐释放和扩大。

（4）新江湾成为继古北碧云的高端板块的机会点对比

表15　　　　　　　　　新江湾城与古北碧云的机会点对比

	古北国际社区	碧云国际社区	新江湾
规划时间	20年	16年	5年
发展机遇	虹桥经济开发区，漕河泾开发区强有力的产业支撑，带来大量高端人士的导入	金桥出口加工区、张江高科技园区等产业支撑，带来大量高端人士的导入	新江湾城的规划，杨浦知识创新区规划和五角场城市副中心的形成
生态环境	新虹桥中心花园、虹桥公园	东部18万平方米绿化地，中央有5万平方米中心绿地，西临世纪公园	生态走廊、新江湾城公园、水网、绿网等规划，总绿化面积将达到50%左右，水系面积占新江湾城总面积的8.7%
生活配套	商业：古北家乐福、虹桥友谊商城、虹桥佰盛（猫头鹰酒吧、星巴克咖啡厅、日本料理、韩国料理等）休闲娱乐：虹桥高尔夫球场、仙霞网球中心、一兆韦德健身会所、Massage保健会所医疗：长宁区中心医院	商业：家乐福、江枫路时尚休闲街（酒吧、星巴克咖啡厅、意大利餐厅、日本料理等）休闲娱乐：美格菲体育休闲中心、保健会所、橄榄球场、汤臣高尔夫球场宗教：基督教堂、天主教堂医疗：区妇婴保健院	规划三处有独立用地的邻里中心，新江湾城公园内有文化中和体育中心，各小区还配套图书馆、文化馆、科技馆、青少年活动中心、综合健身馆、游泳池、综合体育场等。周边有新华医院、长海医院等著名医疗机构；地区商业服务中心内设置大型商业、超市、餐饮、娱乐等设施
教育配套	虹桥国际幼儿园宋庆龄幼儿园、日本人学校、美国学校、德国人学校等	中福幼儿园、德威国际学校、中欧国际工商学院、协和国际学校、平和双语学校	3所中学、3所小学和7所幼稚园
交通条件	轨道交通2号线、延安路高架、中环线	杨浦大桥直通浦西市中心、杨高路可达陆家嘴金融中心	轨道3号线、8号线、10号线、18号线，中环线，公交124、760、232、538、97、866、841、233、8
客源支撑	虹桥经济开发区、漕河泾开发区、徐家汇商业中心的产业高端人士、外籍人士，以港澳台人士及华侨为主；上海本地经济实力较强的投资客及行业精英	张江、金桥等产业带来的高级管理人员（如通用、西门子、可口可乐等）；陆家嘴金融中心高端客户；大量在浦东工作的外籍人士；浦东机场投入使用带来的高端人士东迁；全球500强企业中，已有26家跨国公司亚太区总裁和高级执行官级别的外籍人士入驻社区，占到落户上海500强企业CEO、高层管理者的40%	主要由杨浦知识创新区和五角场城市副中心导入资源，具备覆盖浦东、北上海的潜质

基于以上分析，我们判断：新江湾城成为上海国际高端社区第三极只是时间上的问题。随着上海外来及本土高端人群数量的迅速膨胀，将大大缩短类似古北、碧云十几年的成熟时间。

3.2.3　上海高端公寓历年供需分析

根据项目情况，我们主要统计单价 18 000～30 000 元/平方米、总价 350 万～600 万元/套的公寓市场供需情况如下：

表 16　　　　　　　　　　　上海高端公寓历年供需情况表

	2004 年 （5～12 月）	2005 年	2006 年	2007 年 （1～5 月）	2007 年	2008 年
符合标准楼盘个数	22	49	44	28		
成交总面积	402 824	236 270	265 151	120 882	290 117	290 117
总套数	2 001	1 275	1 358	614		
平均面积	201.31	185.31	195.25	196.88		
总金额	8 720 965 194	5 338 304 578	5 872 917 798	2 626 904 881		
平均总价	4 358 303	4 186 906	4 324 682	4 278 347		
均价	21 650	22 594	22 149	21 731	21 731	
纳入网上销售面积	926 773	1 799 959	1 865 270	1 791 168		
已售及已预订面积	693 851	1 301 454	1 374 734	1 314 559		
期末可售面积	232 922	498 505	490 536	476 609	443 184	353 067
期末可售套数	1 949	3 788	5 609	5 860	5 449	4 341
当年新增供应		501 853	257 182	106 955	256 692	200 000
当年实际供应		734 775	755 687	597 491	733 301	643 184.2
当年成交/供应		32.2%	35.1%	20.2%	39.6%	45.1%

结论 1：整体呈现供大于求，但随着需求的缓慢上升和供应增幅的减缓，未来供大于求状况会得到改善。

- 2005 年市场当年新增 50.2 万平方米供应，需求回落到 23.6 万平方米的水平，当年去化率达到 32.2%；
- 2006 年起市场新增 25.7 万平方米供应，相比 2005 年新增供应大幅萎缩，当年需求则缓升至 26.5 万平方米，当年去化率上升到 32.2%；
- 2007 年市场需求保持稳定还进一步上升（全年预计去化 29 万平方米），供应方面基本与 2005 年持平（全年预计新增 25.7 万平方米），当年去化率预计进一步上升到 39.6%，由于市中心可开发的项目越来越少，预计未来供应不可能再有 2005 年这样的水平，但由于整体房价的上扬，高档楼盘的供应应该会保持一个稳定的增速（预计 2007 年后年均新增 20 万平方米左右的供应量）

结论 2：2008 年仍然是供大于求，但去化率会上升到 45% 的水平。

假定市场需求保持 2007 年 1～5 月的水平不变，供应减缓，则到 2008 年预计仍有存量房源 35 余万平方米，但当年去化率会上升至 45％以上。

结论 3：

高端公寓市场的板块细分、产品竞争将会主导未来高端公寓市场的竞争，而那些具有板块人文优势和产品特色的项目将成为高端公寓市场的佼佼者。如同现在的市场中同区域不同的销售价格、同价格不同的销售速度。

总结：

上海高端公寓市场未来 2～3 年仍表现为供过于求的市场格局，但高端公寓市场的板块细分、产品竞争将会主导未来高端公寓市场的竞争。那些具有板块人文优势和产品特色的项目将成为高端公寓市场的佼佼者。作为上海市区最后一块大面积开发的生态环境非常良好的用地，加上人文气息浓郁的大学城概念，新江湾城必将在未来几年内高端公寓消费的热点。

另直观从数据上看，新江湾城—五角场未来几年的供需将相对均衡，但随着新江湾城市区最后一片生态湿地、第三个国际化社区概念的逐渐成型，发展商惜售、客户追捧的情况可能会导致未来几年内区域市场供不应求的格局。

3.3 竞争项目分析

3.3.1 项目周边在售项目

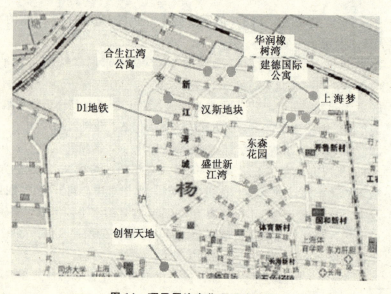

图 14 项目周边在售项目分布图

表 17 详细列示了项目周边在售项目个案的信息情况。

表 17　　　　　　　　　　项目周边在售项目个案信息

楼盘名称	占地面积（m²）	总建面积（m²）	容积率	物业类型	主力面积段（m²）	主力户型	均价(元/m²)(2007.3～5月)	主力总价段（万元）	案场报价
合生江湾公寓	180 000	280 000	1.6	36 幢 11～18F	92.96～114.54（毛坯）	2 房	13 180（毛坯）	123～151（毛坯）	16 000
				小高层、高层	98.57～109.71（装修）		13 764（装修）	136～151（装修）	14 000
上海梦想	80 000	150 000	1.8	7 幢多层	102～107	2 房	9 880	100～106	15 000（多）
				24 幢 12F 小高层					
建德国际公寓	70 000	90 000	1.7	多层	86～111	2 房	8 870	76～100	/
				8～12F 小高层					
东森花园	29 000	69 000	1.91	6 幢 12F 小高层	135～152	3 房	10 000	135～155	/
盛世新江湾	30 388	75 798	2	18～25F 高层	86～101	2 房	9 900	85～100	11 000

3.3.2　项目典型可比竞争项目（楼盘）分析

1. 汉斯地块

- 地址：项目地块北侧
- 投资商：美国汉斯、城投建设
- 项目基本概况：占地面积：19 万平方米，住宅容积率为 1.79、商业容积率 2.03，住宅建筑面积 21 万平方米；商业 15 万平米；
- 房型面积：因报批较早不受 7090 限制，主力面积为 160 平方米三房、四房、180 平米四房为主。

图 18　汉斯地块

- 开盘时间：2008 年 5 月
- 业内报价：1.8 万元/平方米

2. 橡树湾（华润地块）

- 地址：国帆路江湾城路交汇处
- 投资商：华润置地
- 项目基本概况：总建面积 23.4 平方米，容积率 1.6，产品形态为高层公寓 19.7 万平方米、联庭别墅 2.96 万平方米、商业 0.63 万平

方米

- 房型面积：遵循 9070 的房型配比，考虑拼接后的房型为 85＋55 占高层总面积 60％、85＋85 占 20％
- 开盘时间：预计 2007 年 10 月
- 案场报价：公寓 1.7 万元/平方米、联庭 2 万元以上

3. 合生江湾国际公寓

- 地址：政和路 991 号
- 投资商：上海珠江投资有限公司

图 19　橡树湾地块

- 项目基本概况：总建面积 28 万平方米，容积率 1.5，规划约 36 幢 11～18 层的小高层和高层住宅及沿街商业用房组成。房型以二房为主（60％左右）。
- 户型面积：二房：86.67～114.54 平方米，三房：124.61～150.59 平方米，复式：234.32～278.22 平方米。
- 开盘时间：2006 年 4 月 29 日
- 开盘以来成交均价：11 700 元/平方米（766 套）

图 20　合生江湾国际公寓

- 今年以来成交均价：13 384 元/平方米（192 套）
- 案场报价：15 000～16 000 元/平方米
- 开盘以来销售面积：91 602 平方米
- 目前可售面积：14 116 平方米
- 交房时间：2007 年 12 月

4. 创智天地

- 地址：智康路 38 号
- 开发商：瑞安房地产、上海杨浦知识创新区投资发展有限公司
- 项目基本概况：该盘总建面 100 万平方米，由创智中心、创智 SO-HO、江湾体育公园、科技园四个部分组成。整个项目将在 2010 年世界盛会召开之前全部竣工。
- 户型面积：一房：64 平方米，二房：96～100 平方米，三房：122～136 平方米

- 开盘时间：2006 年 11 月 8 日
- 今年 1 月以来成交均价：16 994 元/平方米
- 开盘以来成交均价：16 383 元/平方米
- 案场报价：16 000 元/平方米（住宅部分）
- 交房时间：2007 年 1 月

3.3.3 项目竞争项目分析结论

- 新江湾城作为中心城区最后一个大规模（占地 9.4 平方公里）开发区域，已经得到市场的认可。区域内和周边在售项目整体去化较好。在售项目分布中，合生江湾国际公寓是唯一处于江湾城绿化带内的项目，价格最高，去化也最快，表明区域市场对高品质、高价格的认同。
- 华润橡树湾、汉斯项目两个项目预计分别于 2007 年 10 月、2008 年 5 月推出市场，与本项目地块销售周期完全重合，且两项目现实点价格预期已在 1.6 万元以上，进一步验证其对未来市场的信心。
- 合生江湾公寓按其推盘进度，预计 2008 年尾盘部分会同本项目重叠，该项目面向公园部分均价也已经达到 1.6 万元/平方米，2007 年成交均价为 1.38 万元/平方米。且每月有近 50 套的销售速度。
- 据市场业内人士反映，客户对五角场和新江湾城的认同度较高，"对于整个板块的中长线价值予以充分肯定"，但是"对板块内几个项目现场表现的东西有一些犹豫，"也就是说看好区域大环境，但个案品质的平庸化导致客户的购房意愿弱化。这是一个明显的市场机会点。

3.4 客户分析

3.4.1 上海高端公寓板块客户分析

表 18   上海高端公寓板块客户情况

	古北板块（仁恒河滨花园）	碧云板块（晓园）	静安、黄浦板块（泰府名邸）	新江湾板块（合生江湾）	内虹口高档公寓（外滩 99）	内杨浦高档公寓（宝地东花园和海上海为例）
工作区域	CBD，产业园区，商业中心，机场作为依托	CBD，产业园区，商业中心作为依托	宝钢、外高桥、五角场、周边创智产业高端客户	周边区域和陆家嘴工作的人群	周边区域和陆家嘴工作的人群

	古北板块（仁恒河滨花园）	碧云板块（晓园）	静安、黄浦板块（泰府名邸）	新江湾板块（合生江湾）	内虹口高档公寓（外滩99）	内杨浦高档公寓（宝地东花园和海上海为例）
生活区域	外省市 25%，外籍 20%，港澳台 35%，上海人 20%	外省市 35%，外籍 20%，港澳台 15%，上海人 30%	虹口、杨浦、宝山客户占90%，其他区域客户占10%	杨浦、虹口和闸北的客户占一半，浦东客户占5%左右，外地客户占20%，外籍客（外籍华人居多）20%	杨浦和虹口的客户占六成以上，徐汇、静安、浦东客户占10%左右，外地客占10%，外籍客3%
年龄	35～45岁占7成左右	35～50岁占8成	30～55岁	35岁以上占主力	35岁以上占主力
家庭结构	3口之家为主	3口之家为主	2～5人	3口之家为主	3～4口
行业	制造业、高新科技、商贸、金融、私营业为主	制造业、商贸、金融、私营企业为主	教师、企业高层、自营业主	金融、贸易、服务业、制造业、公务员为主	金融、贸易、服务业、制造业、教育和公务员为主
职务	高管、私营业主	高管、私营业主	教授、企业高层管理者	中高层，私营业主比例高	中层和普通职员比例高，私营业主比例5%左右
置业次数	3次居多	3次居多	2次及以上	1～3次	1～2次
购房用途	自住投资兼顾	自住投资兼顾	自用占九成	自用占七成	自用为主
付款方式	70%的客户做贷款为主（贷款五成的居多）	70%的客户做贷款为主（贷款五成的居多）	以一次性付款为主，60%～70%客户选择不贷款购房方式	70%贷款购房（5成贷款居多）	70%贷款购房（5成贷款居多）
消费特征	①拥有一笔闲钱，看重物业保值和升值空间 ②工作半径作为购房主要要素 ③看中配套的成熟情况及生活交通便利性 ④对生活品质要求高 ⑤经济承受能力强 ⑥投资行为具有远瞻性		①工作及生活分布在新江湾城周边 ②受新江湾自然生态景观吸引 ③好板块的规划发展及升值潜力 ④求休闲舒适的生活方式 ⑤有较强的购买能力，基本采用不贷款购房方式	稀缺的景观优势，吸引了部分投资客群，客源有所裂变，外籍华人是我们有机会导入的客群	①自住为主的区域消费 ②方便工作为主

说明：

- 高端公寓的客户消费群比较集中，35～50岁；
- 古北、碧云社区上海本地人消费只有30%以下，大多为外省市、外籍人士和港澳台的客户。其中古北主要是以日、韩为主的近海系，碧云社区则是以欧、美为主的客户；有 3 次以上的置业经历；兼顾自住和投资的功能，工作半径是其购房区域选择主要原因。

- 内虹口、杨浦则仍以本土区域客户为主，有 2 次以上的置业经历；以自住为主，区域归属及工作半径是其购房区域选择主要原因。

3.4.2 新江湾城典型个案（购买 200 万元以上高端公寓）客户分析

表 19　　　　　　　　　新江湾城个案客户情况

项目名称	职业	职务	年收入	家庭结构	置业次数	购买用途	付款方式	所占比例
合生江湾国际公寓	教师企业高层自营业主	教授企业高层管理者	12 万～20 万	3～5 人	二次及二次以上	自用	一次性付款的较多	12%
创智天地	科技产业创意产业自营业主	企业高层	50 万～100 万	平均 2人左右	二次及二次以上	自用投资	贷款为主	34%

综述，此类高端客源在区域内是存在的，约占到区域客群的 10%～20%。其具体特征为：

- 自住需求为主
- 40～55 岁，3 口之家
- 高校教授，企业及科技、创意产业高层管理者为主
- 多为二次或二次以上置业
- 有较强的购买能力，基本采用不贷款购房方式
- 工作及生活分布在新江湾城周边
- 受新江湾自然生态景观吸引
- 看好板块的规划发展及升值潜力
- 追求休闲舒适的生活方式
- 属于区域性的客群

3.4.3 新江湾城高端客户现状及发展趋势结论

➢ 现阶段新江湾所吸引的高端客户主要是以区域客为主，杨浦、虹口、宝山约占总比例的 90%，浦东约占 5%，其他区域约占 5%。

➢ 随着知识杨浦的建设及围绕宝钢、学校产业的进一步发展，五角场商务功能会得到进一步的增强，从而达到吸引全市高端商务人群进驻新江湾。

➢ 作为上海最后一块成片、辐射上海城北、浦东半小时车程的生态聚居区，

新江湾所具备的自然生态景观及其国际化的高起点规划必将吸引到人民广场、陆家嘴、金桥的高端客户。

4. 项目定位

4.1 项目 SWOT 分析

4.1.1 优势 (S)

■ 上海市区最后一整块系统开发的大型地块，自然环境良好，可开发高档产品。

■ 地块规整，易于规划。

■ 项目北侧紧临规划中的 14 万平方米的商业。

■ 道路系统已经规划好，自备车出行方便。

■ 大环境规划配套良好。

4.1.2 劣势 (W)

■ 居住氛围尚未形成。

■ 生活、教育、交通设施多为规划中。

4.1.3 机会 (O)

■ 中环线及多条轨道交通，有利于区域人口导入。

■ 五角场城市副中心的定位，对于新江湾城的形成具有积极的促进作用。

■ 华润、汉斯等大开发商的进入，进一步抬高新江湾城的市场知名度和接受度，有利于形成板块效应。

4.1.4 威胁 (T)

■ 国家宏观调控政策的不确定性。

■ "70％建筑体量为 90 平方米以下户型" 及限高规定限制了产品的规划设计，可能造成产品同质化。

4.2　项目整体定位

国际品味的海外精致豪宅

考量因素: 与区域市场差异化竞争, 本案体量适宜做少数人居住的产品, 区域内存在高端客户群的需求, 杨浦区高端产品处于市场空白。

- 国际化: 我们针对的主力领导客群是一批具有国际视野及生活背景的人, 他们对生活的标准同样也是国际化的; 他们需要有一个在上海生活的特区, 他们有一个圈子, 他们游刃于上海的高端阶层, 他们代表了中国新一代高知阶层的生活标准和价值标杆。

- 海外: 现代化的快速城市化和瞬息万变, 让城市建筑变得直接、缺乏亲近感、没有文化、没有融合, 尽管它们代表了一种先进的生活。于是, 一些有思想、有闲、有钱的人们, 开始思考建筑与人之间的关联和尺度……在完成了对国内外纯粹的形式照搬后, 进而开始真正关注到生活的本质, 建筑服务于人, 彰显人的涵养。我们主导的这批客群, 他们具备了全球选择的财力和鉴赏力。具有地中海休闲度假的建筑风格及空间形态带来的那种悠闲、轻松的生活方式, 不同于中式的古朴、欧式的贵气、美式的自由, 他们会更加倾向于这种自由、自在、惬意的生活方式。

- 精致: 生活是由很多琐碎的细节和生活场景组成, 国际化的精致是更贴近于人性化的考虑, 更加关注人的私密、生活的舒适、安全和便利, 以及享受更加贴身的服务。我们的精致是指生活方式, 是将国际化的标准根植于中国传统的居住价值。

4.3　项目客户定位

第一类: 浦东陆家嘴、外高桥、北上海商务区的高端客户, 比例占 35%。

- 新江湾城半小时辐射范围内, 有海外生活经历的高收入管理者、创业型的私营企业主。他们无地域概念, 但对高品质的生活质量极为推崇, 他们更多地是 Enjoy life (享受生活) 的 "贵阶层", 他们对健康、生态的理解更加透彻, 也更加向往。

- 依赖于城北的生活区域的, 类似邓昆艳之类的有较高艺术鉴赏力的远海、近海的高端人群。他们具有海外生活的背景和国际化的视野, 他们对居住不仅有物质的低调奢华的需求, 同时对精神文化的内涵也有很强烈的需求, 他们是一个独特的圈层。他们多从事有较高附加值的艺术、高科技、创意产业等行业。

第二类：区域内高端客群，比例占35%。

- 集中于控江路、鞍山路的2幢商务楼的宝钢钢材贸易产业链的高收入群体。他们凭借其特有的资源，在近几年的钢铁需求跳跃式上升期间快速地完成了资本积累，他们中有一批千万级、亿级身价的私营业主及高管，他们已经开始筹划多元投资保值及享受生活。
- 集中于圆明园路的上海烟厂产业链的高收入人群。
- 军区内的人购房受限制，高干子女可购。二军大、空军政治学院等相关商业、餐饮、军工等产业链的私营业主。

第三类：新城辐射范围内的公务员，高校产业带来的IT、创富阶层，及投资保值型客户，比例占30%。

- 复旦的高科技、医药技术输出带来的高收入群体，同济的建筑、桥梁专业等有外来收入补贴的老师。他们依赖于学校区的产业，并有相当的学院情节，他们充分享受到了知识转化为生产力带来的价值；他们需要一个更加舒适的生活环境和同样可与身份匹配的象征。
- 以复旦大学、长海医院为代表的教育医疗的高知专业教授、高级管理者。
- 杨浦区政府的公务员。
- 复旦的中法、中德交流中心的外籍教师。
- 五角场作为城北城市副中心，吸引其他区域的改善性客户。

4.4 项目产品定位

4.4.1 产品语言

新江湾城顶级豪宅，高空大平层

4.4.2 物业类型和户型配比

住宅物业类型：小高层公寓

表20 住宅户型（房型）及配比

户型分类	户型面积	实际套数	户型总面积	套数比	面积比	拼接户型面积			合并前套数
A(11+1F)	252.3	66	17 408.7	14%	18%	83.1	60.1	109.1	198
B (12F)	210.1	156	32 775.6	33%	35%	83.5	45.2	81.4	468
C (13F)	166.2	117	19 445.4	25%	21%	91.1		75.1	234
D (13F)	193.1	130	25 103	28%	26%	75.2		117.9	260
合计		469	94 732.7	100%	100%				1 160

4.4.3 产品建筑设计和配置标准

1. 建筑部分

- 新古典主义建筑风格
  错落有致的室内外交流空间，淡雅的色彩与蓝天、植物、水的融合，让建筑融于整个环境中，彼此成为一体。（香山丽舍）
- 五星级的双入户大堂
  一层大堂、地下车库大堂，大堂按五星级酒店标准豪华精装修，渗入地下的景观，让主人及访客感受到项目的人性化和奢华。
- 双车位
  可以选择两个车位，也可以选择一个车位加一个景观功能房。

2. 房型配置

- 主力面积：200 平方米，大平层
- 一梯一户双层阳台，空中大面积花园设计（体现附加值和尊贵感、别墅感）。
- 双流线（主仆分流线）
- 双景观（餐厅双景观面）
- 双主卧套房
- 中西双厨：中西合璧的厨房空间，整个开放式厨房、餐厅、起居室的空间相互独立又相互融和。
- 一户双梯（大平层）
- 双景观面
- 客厅开间宽 7 米，客厅窗户玻璃采用整面全落地设计，满足视觉上的震撼和开阔，舒适享受别墅的功能。
- 标准层电梯厅两侧各设置了一个半私密的等候平台。
- 动静分离
- 不同分区的储藏空间：主人空间的个人爱好（高尔夫、衣橱），生活空间的杂物储藏，儿童房的玩具堆放，楼下车位边功能房的布置等。

3. 高品质住宅设备和材料配置

- 直饮水
- 中央热水系统
- VRV 空调系统

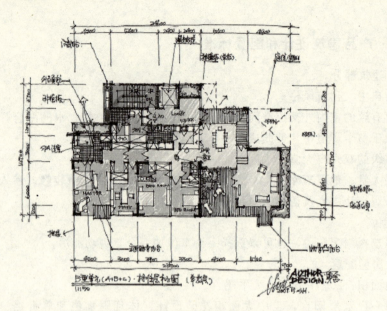

图 21 房型配置图

- 新风系统
- low-e 玻璃
- 外墙装饰：高档石材、高档面砖、防火铝复合板
- 电梯轿箱、公用部位全部采用天然大理石
- 安保系统：入户门密码锁、电梯刷卡进入指定楼层、景观电梯、小区入口、大堂、一卡通门禁
- 生态节能材质：外墙保温，EPS 外墙保温系统

4. 景观

- 屋顶私家花园
- 生态自然园林营造（如下图）
- 建筑融于自然中……

图 22 景观图

4.5 项目商业定位

4.5.1 项目周边商业市场分析

- 项目所处的新湾城板块目前基本没有任何的商铺供应，商业发展空间较大。已经建好的合生江湾国际公寓有部分沿街商铺预计于 2007 年下半年推出。

- 周边缺乏集中的餐饮娱乐消费型商业，主题性、特色性餐饮娱乐业目前在本区域内完全处于市场空白，发展餐饮娱乐项目将大有可为。

- 本块地北侧的汉斯地块规划约 15 万 m² 的综合性集中型商业（以综合百货或家具家居类卖场和生活卖场为主力店），为新江湾城板块未来的区域商业中心，将为板块内居民提供全方位的生活配套商业服务。

- 新江湾板块的区域外围项目的商业配置以五角场商业广场为中心，目前供应商铺主要以社区配套的服务性商业为主（见下表），尤以沿街的单层中小型商铺为主，售价在 2 万元/m² 左右（约为普通住宅公寓价格的 1.8~2 倍），租金为 2~4 元 m²/天。

- 预计随着汉斯商业地块的启动以及周边规划中的配套设施、轨道交通等基础设施的逐步完善，消费人口将不断得到导入，新江湾城板块内的商业氛围将逐渐浓厚、商业物业的价值将得到快速的提升。

合生江湾国际公寓
规划商业约 1 万 m²
一期推出 2000m²

C2 华润地块（规划中）
规划商业 6400 m²

G5 汉斯地块（规划中）
综合商业面积 15 万 m²

图 23 项目周边商业配套

表 21 项目周边现有商铺供应分析

项目	总建面	商业规模	经营业态	建筑形态	主力面积	与住宅售价比	租售水平	现状
汉斯地块	30万	15.2万	购物与餐饮娱乐 57 850m² 酒店式公寓 35 568m² 星级酒店 24 408m² 办公楼（Loft）33 740m²	集中型商业规划，两个大型主力店（百货或家居家具类卖场与生活类大卖场）1～3层裙房式商业，塔楼为办公及酒店等				规划方案报批中
万达商业广场	33万	16万（办公用房17万）	综合百货28% 影城书城美食25% 家居卖场18.7% 超市15% 食品一店12.5%		巴黎春天百货4.5万m² 沃尔玛2.5万m² 家居卖场特力屋3万m² 第一食品公司2万m²		2006年12月开业 分散招租商铺主要在地下一层商业街，小型商铺（100m²以内）租金为15～20元/m²/天，中型商铺租金为10～15元/m²/天	
合生江湾国际公寓	28万	10 000	综合社区配套为主	两层沿街商铺	50～150	1.8～2.1	1F报价：3万	还未开盘
上海梦想（雍景苑）	15万	2 500	社区配套限餐饮	单层沿街住宅底商	50～100		租金报价：2～4元/天/m²	只租不售，租赁较好
东森花园	6.9万	5 000	综合社区配套为主	两层沿街＋三层集中	300～1 000	单铺面积大，租金低	1～3元/天/m²	只租不售，租赁较差
建德国际公寓	7.5万	2 000	社区配套限餐饮	两层沿街商铺	70～100	1.8～2.0	两层1.4万 1F: 1.8万	销售一般

4.5.2 商业配套业态定位

依托区域商业中心以及地铁站的规划，结合项目地块实际情况及市场现状，做出如下定位：

商业业态：配套服务商业＋休闲餐饮＋主题会所

开发规模：5 000m²（占地块总建筑面积的5%）

4.5.3 商业配套规划建议

规划建议原型："金桥碧云体育休闲中心"

规划建议原则：打造特色、景观商业街，保障项目整体形象与档次

尽量节约用地、提升地块价值

充分利用现有规划景观（绿化带）

充分利用对面汉斯地块区域商业中心的辐射效应

充分利用规划地铁出口优势（地铁人流和对外的展示效应）

表 22　　　　　　　　　　　　　　　**商业物业形态定位**

商业物业组成		商业业态组合	建筑面积	单铺面积	商业形态及建筑要求	楼层
商业配套	社区配套休闲购物 单层	便利店/银行/干洗/美容美发/药房/食品/文具店/饰品/服饰/房产中介/其他	1 000	单层单铺建筑面积为 50m² (6m×8m),可自由组合	单层商业街	层高 5.5m
	休闲餐饮 两层	主题中餐/休闲餐饮/异域美食/咖啡茶道等	3 500	单层 150～250m²,双层 300～500m²	别墅式独栋商业	1F: 4.5m 2F: 4.0m
		推荐商家	丹桂轩、新吉士酒楼、斗牛士牛排、印度小厨、Hola 欧拉餐厅、季诺、韩国料理、七彩西餐酒吧等			
	主题会所（不售） 两层	休闲康体（瑜伽、SPA 水疗）	500	框架结构可自由组合	二层独立单体建筑	1F: 4.5m 2F: 4.0m
	合　计				5 000m²	
	商业停车位				75 个	

规划建议简单示意图：

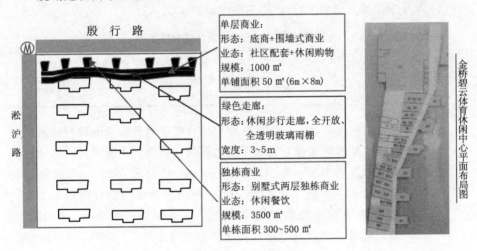

图 24　规划建议示意图

4.5.4　商业配套租售建议及价格定位

◆ 本项目的商业应以为住宅服务为基本准则，通过商业配套的完善为住宅销售增添亮点；反之又借助住宅销售所营造的氛围，来带动商铺的租赁及销售；

◆ 本项目独立商业街以出售为主。销售的时机应与施工进度及住宅销售周期相结合，考虑项目周边的实际现状，建议在项目末期（有一定人口入住、区域商业中心已初具雏形时）直接出售，同时为保证项目的整体形象和控制商户的档次和品牌，部分独栋式的主力店商铺将实行带租约销售；

◆ 由于板块内目前基本没有可比的在售商铺，本项目商铺的销售价格将根据行业市场规律，按社区配套商铺与普通住宅的价格比值进行估算（比值一般为 1.5～2.5），参考周边项目的沿街商铺与住宅售价的比值，本项目将现时点比值取为 2，即单层沿街商铺现时点销售价格 = 2×普通住宅销售均价（取为16 000元/m²）= 32 000元/m²；

◆ 独栋两层商铺由于其面积较大及其餐饮业态，因此对其销售价格做一定的折扣（以沿街单层商铺的 95% 来计算），独栋商铺的一楼销售价格 = 单层沿街商铺价格×95% = 30 400元/m²，二楼销售价格 = 一楼销售价格×0.6 = 18 240元/m²；

◆ 预计 2009 年第二季度（2009 年 5 月）开始销售，销售周期为 5 个月，2009 年第二季度销售 60%，第三季度销售 40%；

表 23   2009 年第二、三季度预计销售情况

销售周期	2009 年第二季度	2009 年第三季度	合计
销售比例	60%	40%	100%
销售面积	2 700m²	1 800m²	4 500m²

◆ 随着周边人口的逐步导入，受汉斯地块综合商业项目的商圈辐射效应影响以及周边其他配套的完善与成熟，周边商铺的价值将不断增长，本项目商铺销售价格的增长率第一年（2007.6～2007.12）取为 5%，以后年增长率分别下表所示（考虑三个原因：1. 一般租赁商家的租金递增率，6%/年；2. 汉斯地块商业中心的辐射效应，2%/2007—2008 年、3%/2009 年；3. 周边轨道交通及其他配套设施的完善与成熟，2%/2007—2008 年、3%/2009 年）；

表 24   预计销售价格增长率

销售价格增长率	现时点销售价格	2007.6～2007.12	2008.1～2008.12	2009.1～2009.12
	26 027 元/m²	5%	10%	12%

◆ 本项目商铺现时点的综合平均销售单价为26 027元/m²，预计 2009 年第二季度开盘时点单层沿街商铺销售单价为39 178元/m²，所有商铺的综合销售单价为31 864元/m²。

表 25　　　　　　　　　可售商业配套分层定价表

项目		层数	规模（m²）	销售单价（元/m²）	
				现时点	开盘均价（2009 年 5 月）
可售商业配套	单层沿街商铺	1F	1 000	32 000	39 178
	两层独栋商铺	1F	1 750	30 400	37 219
		2F	1 750	18 240	22 331
	两层均价			24 320	29 775
可售商业综合均价			4 500	26 027	31 864

5. 项目开发和销售计划

5.1 项目开发进度计划

依据此项目的开发规模、物业类型与对施工作业面的初步分析，建议一期开发。整个项目开发周期（获取地块—完成入伙交付使用许可证）约 2 年零 4 个月（28 个月）。具体开发进度见表 26。

表 26　　　　　　　　　项目开发进度表

工作任务	工期	开始时间	结束时间
方案设计	80 d	2007—6—22	2007—9—9
初步设计	40 d	2007—9—10	2007—10—19
施工图设计	50 d	2007—10—20	2007—12—8
主体施工	617d	2007—12—9	2009—10—15
桩基单位进场及桩基制桩	15 d	2007—12—9	2007—12—23
桩基施工	30 d	2007—12—24	2008—1—22
总包进场准备	15 d	2008—1—20	2008—3—4
桩基检测、基础及地下室施工	60 d	2008—3—5	2008—5—3
上部结构施工及封顶	150 d	2008—5—4	2008—9—30
屋面及室内二次结构施工	50 d	2008—10—1	2008—11—19
外装饰施工及落架	90 d	2008—11—20	2009—3—19
室外工程	90 d	2009—3—20	2009—6—17
竣工验收及备案	30 d	2009—6—18	2009—7—17
入伙交付使用许可证办理	90 d	2009—7—18	2009—10—15
公寓开盘销售	457d	2008—9—1	2009—12—31
商铺销售	153 d	2009—5—1	2009—9—30

5.2 项目销售进度计划

项目销售进度确定

2007 年以来项目周边楼盘的去化速度如表 27：

表27 项目周边楼盘销售情况

项目	1月			2月			3月			4月			5月			1~5月		
	面积	套数	价格	面积	套数	价格	面积	套数	价格	面积	套数	价格	面积	套数	价格	面积	套数	价格
合生江湾国际公寓	5 073	45	12 234	4 124	35	13 261	3 484	30	12 638	4 150	32	14 200	6 484	50	14 240	23 315	192	13 384
新江湾城雍景苑	3 590	32	9 374	1 696	16	9 528	16 954	141	9 653	6 730	55	9 857	12 053	109	9 923	41 024	353	9 736
建德国际公寓	2 973	31	9 046	1 359	13	9 232	4 200	39	8 858	5 716	54	8 710	3 395	31	8 747	17 643	168	8 849
盛世豪园	2 685	28	9 805	3 087	30	9 421	4 590	46	9 755	2 645	26	9 759	6 442	64	10 219	19 449	194	9 863
翡翠东森花园	1 371	10	10 205	1 787	14	9 712	3 500	25	9 947	1 620	12	9 637	1 655	12	10 791	9 930	73	10 033
仁恒河滨城	12 443	51	19 078	9 287	46	17 756	7 820	51	17 278	10 328	66	17 721	16 698	51	21 186	56 575	265	18 987
泰府名邸	1 558	12	23 722	1 401	10	23 239	1 970	15	23 524	4 056	30	22 656	7 244	53	24 054	16 228	120	23 538

从区域在售项目的去化速度看，除东森花园在尾盘处理之外，其他几个项目月均销售均在 30 套以上（含春节以及各项目推盘节奏控制），表现最好的是上海梦想，尤其值得我们关注的是合生江湾公寓，该项目 2007 年年成交均价近 1.4 万元，较 2006 年价格提升数千元，仍取得月均近 40 套的成交量，说明区域市场对于合生江湾国际公寓的区位、产品、价格都是高度认同。而合生江湾国际公寓从现阶段看品质一般，现场包装简陋。相信本项目在产品设计、营销方面具有优势。

　　另外我们摘选了上海高档公寓供给板块的两个项目，成交低点泰府名邸也达到月均 25 套，高点仁恒河滨城月成交则达到 50 余套。说明高端公寓市场的需求十分强劲。

　　考虑到区域仍处于高端公寓市场的培育期间，且区域价格涨幅空间巨大，同时兼顾项目销售进度，故本项目销售速度设定为 30 套/月，销售周期 16 个月。

6. 案 例 附 录

6.1　项目基本假设条件

表 28　　　　　　　　　　　　项目基本假设条件

①当季回款比例	70%
②剩余物业比例设定	5%
③剩余物业折价比例	80%
④营业税率	5.55%
⑥营业费用比率	3.0%
⑦管理费用比率	2.5%
⑧所得税率	25%
⑨是否是普通住宅	否
⑩首笔地价支出年份	2007 年

6.2 项目施工、销售进度计划明细

表 29 项目施工、销售进度计划明细表

项目施工、销售进度计划明细表

0

期数			面积	2007				2008				2009			
				Q1	Q2	Q3	Q4	Q1	Q2	Q3	Q4	Q1	Q2	Q3	Q4
共1期	施工进度	占项目比例	134085					9%	13.0%	13.0%	13.0%	13.0%	13.0%	13.0%	13.0%
		100%													
	销售进度	9F 大户型	28440						8%	21%	21%	21%	21.3%	7.1%	
		12F 拼接大户型	39594						8%	21%	21%	21%	21.3%	7.1%	
		12F90 平方米两房	27459						8%	21%	21%	21%	21.3%	7.1%	
		商业	4500									60%	40%		
			0												
			0												
			0												
			0												
			0												
			0												

6.3 项目成本测算表

表 30 项目基本假设条件

成本科目支出细项及进度	每期工程当期支付	85%	每期工程竣工后支付	15%	前期费用的	50%	在施工前	2	个季度支付完,其余的随工程进度支付

成本科目	合计	2007				2008				2009				2010			
		Q1	Q2	Q3	Q4	Q1	Q2	Q3	Q4	Q1	Q2	Q3	Q4	Q1	Q2	Q3	Q4
一、前期费用	1 581	0	395	395	60	87	87	87	87	87	87	87	119	0	0	0	0
二、建安工程成本	34 598	0	0	0	2 647	3 823	3 823	3 823	3 823	3 823	3 823	3 823	5 190	0	0	0	0
三、开发间接费	545	0	0	0	0	50	0	0	0	495	0	0	0	0	0	0	0
四、营业费用	6 114	0	0	0	0	0	0	290	925	1 144	1 301	1 324	685	153	38	253	0
五、公司管理费	5 095	0	0	0	0	0	0	242	771	953	1 084	1 104	571	127	32	211	0

附件 2：ABC 物流有限公司股权收购项目的评估说明

1. 评估对象与评估范围

1.1 评估对象与评估范围

1.1.1 委托评估的评估对象与评估范围

（1）评估对象：ABC 物流有限公司拟收购立信物流有限公司 45% 股权。

（2）评估对象权益状况：委托评估的股权属于控股股权，非上市交易股权。

（3）评估范围：评估基准日（2009 年 6 月 30 日）立信物流公司的全部资产和负债。

1.1.2 委托评估的资产权属状况

评估人员根据委托方及立信物流公司提供的《企业关于进行资产评估有关事项的说明》，按照资产评估准则的要求，对立信物流公司提供的产权资料进行必要的查验，未见异常。

1.2 实物资产的分布情况及特点

委估实物资产分布于立信物流公司，使用状况基本正常。立信物流公司无溢余资产，无非经营性资产和负债。

1.3 企业申报的账面记录或者未记录的无形资产情况

1. 企业申报的账面记录中的无形资产

包括土地使用权和物流管理用的各种操作软件。其中，土地使用权按照委托方的共识不纳入评估范围，只以账面值列示。

2. 根据委托方和产权持有单位《企业关于进行资产评估有关事项的说明》有关内容，未发现立信物流公司有未记录的无形资产

1.4 企业申报的表外资产的类型、数量

根据委托方和产权持有单位《企业关于进行资产评估有关事项的说明》有关内容，未发现立信物流公司有账外资产（含无形资产）和负债。

1.5 引用其他机构出具的报告的结论所涉及的资产类型、数量和账面金额（或者评估值）

本次评估不存在引用其他机构出具的报告的情况。

2. 评估技术说明

资产评估有三种基本方法，即成本法、市场法和收益法。评估人员将三种方法的适用性分析见评估报告有关内容。

根据评估目的和被评估企业的特点，评估人员采用资产基础法评估股东部分权益价值。

2.1 流动资产评估说明

2.1.1 货币资金

货币资金包括库存现金和银行存款。

1. 库存现金

库存现金账面值 2 648.75 元，存放于立信物流公司财务部。核实步骤为：①对清查日的库存现金进行盘点；②审核现金日记账，对评估基准日后至清查日的现金日记账借、贷方发生额进行计算，倒轧出评估基准日的现金余额。计算公式如下：

评估基准日的现金余额＝清查盘点日现金盘点数＋评估基准日后至资产清查日现金日记账贷方发生额－评估基准日后至资产清查日现金日记账借方发生额

评估人员以核实无误的账面值作为评估值。

2. 银行存款

银行存款账共 4 个账户。

表 1 立信物流公司银行存款的账面价值

序号	开户银行	账号	币种	外币账面金额（元）	评估基准日汇率	账面价值（元）
1	中国银行 A 分行	11111111	美元	3 700.00	6.83	25 271.00
2	工商银行 A 分行 X 支行	22222222	人民币			54 312.59
3	建设银行 A 分行 Y 支行	33333333	人民币			1 124 359.70
4	浦发银行 A 分行 Z 支行	44444444	人民币			14 039 818.60

评估人员对立信物流公司提供的银行存款的账面值、银行对账单和银行存款余额调节表进行了审核，未发现有影响净资产的未达账项，以核实无误的账面值确认评估值。

2.1.2 应收账款

应收账款包括 5 项，为应收客户的仓储费和运输费。

表 2 立信物流公司的应收账款账面价值

序号	欠款单位名称（结算对象）	业务内容	发生日期	账面价值（元）
1	上海蓝天食品公司	运输费	2009.03.15	72 800.00
2	宁波海潮贸易公司	冷藏运输费	2009.02.09	59 630.00
3	广州南方贸易公司	仓储费	2008.12.07	137 780.00
4	杭州华东物流公司	仓储费	2008.12.05	33 956.61
5	上海申城电器公司	运输费	2008.11.26	78 442.00

对其中 1~4 项，评估人员在核实其账面金额的基础上，取得有关款项证

明资料后，以核实无误的账面值作为评估值。

对第 5 项申城电器公司的运输费，经评估认为，只能收回账面价值的 95%。

2.1.3　预付账款

预付账款账面值 37 100 元，包括 2 项。

表3　　　　　　　立信物流公司预付账款的账面价值

序号	收款单位名称（结算对象）	业务内容	发生日期	账面价值（元）
1	中石化加油站	邮费	2009.3.1	30 000.00
2	AA 会计师事务所	审计费	2009.6.22	7 100.00

评估人员在核实其账面金额的基础上，取得有关款项证明资料后，以其账面值作为评估值。

2.1.4　其他应收款

其他应收款账共 4 项。

表4　　　　　　　　其他应收账款的账面价值

序号	欠款对象名称	业务内容	发生日期	账面价值（元）
1	李白	个人借款	2009.5.19	5 000.00
2	苏州市 XX 物流公司	往来款	2009.4.21	132 235.66
3	上海市蓝天食品公司	押金	2009.3.26	21 000.00
4	住房公积金	代垫住房公积金	2009.6.4	11 980.20

评估人员在核实其账面金额的基础上，取得有关款项证明资料后，以核实无误账面值作为评估值。

2.1.5　存货

1. 基本情况

存货账面值 0.00 元，均为已摊销完毕的在用低值易耗品，本次评估中将其纳入了评估范围，主要包括办公桌椅、文件柜、沙发、更衣柜等，存放于立信物流公司的办公室及库房内。

表 5　　　　　　　　　　　　　存货基本情况

序号	名称及规格型号	计量单位	账面价值		
			数量	单价（元）	金额（元）
1	办公桌椅	套	26.00	0.00	0.00
2	文件柜	个	18.00	0.00	0.00
3	沙发	个	4.00	0.00	0.00
4	三开门更衣柜	个	27.00	0.00	0.00

2. 核实方法

（1）听取有关人员对存货的情况介绍；

（2）评估人员在存货存放现场进行抽查核实，了解存货的保管、使用情况，以及是否存在报废、毁损、淘汰等现象，然后将评估基准日的实际数量，与企业提供的评估基准日的数量进行核对，并做好抽查记录。

3. 评估方法

评估人员根据委估存货的特点，确定对在用低值易耗品采用成本法进行评估。

计算公式为：

评估值＝重置成本×成新率

（1）重置成本的确定

根据评估基准日的现行市场价格，在功能、型号相同或相近的条件下，根据替代原则，选择较低的市场价格作为委估资产的购置价。

（2）成新率的确定

考虑到委估低值易品价值量较小，使用正常，仅按年限法计算成新率。

成新率＝（经济耐用年限－已使用年限）/经济耐用年限×100％

4. 评估情况

经询价及现场勘查确定，所有存货数量账实相符：

（1）办公桌椅（套）目前单位重置成本为 450 元/套，经济耐用年限 5 年，已使用 4 年。

（2）文件柜目前单位重置成本为 510 元/个，经济耐用年限 7 年，已使用 5.6 年。

（3）沙发目前单位重置成本为 700 元/个，经济耐用年限 5 年，已使用 4 年。

（4）三开门更衣柜目前单位重置成本为 650 元/个，经济耐用年限 7 年，已使用 5.6 年。

2.2 固定资产评估说明

委估固定资产包括建筑类和设备类资产。

2.2.1 设备类资产评估说明

委估设备类资产包括机器设备、车辆和电子设备等。

一、概况

现场勘察：委估设备维护保养较好，在用设备均处于正常使用状态，没有淘汰、待报废设备。立信物流公司按照 5 年计提固定资产折旧，未计提减值准备。

二、核实方法

根据委托方、产权持有单位提供的设备类资产清单，评估人员对委估资产进行了清查核实。

本次清查分三个阶段进行：

第一阶段：了解资产的构成、形成过程、管理机构和管理制度及主要设备在评估基准日的利用状况和今后持续使用的可能。

第二阶段：在立信物流公司有关人员的配合下，评估人员针对设备类资产评估明细表中的内容进行了现场核实，同时进行了勘察工作。评估人员重点了解了设备的技术性能、操作使用、日常维护维修等情况，实地观察了设备的运行状况，并对勘察情况做出了现场记录。

第三阶段：现场勘察结束后，评估人员针对勘察工作中发现的问题及时与立信物流公司设备管理人员进行了充分的沟通，归纳整理清查结果。

通过现场核查，委估设备属实，基本具备了评估工作的条件。

三、评估方法

（一）评估方法的选取

考虑本次评估目的及委估资产的特点，评估人员采用成本法进行评估。

（二）评估方法原理

计算公式为：

评估值＝重置成本×综合成新率

（三）评估过程

1. 重置成本的确定

（1）机器设备和电子设备重置成本的确定

机器设备及电子设备的重置成本包括：设备价款、运杂费、安装调试费及资金成本等。

①设备价格主要依据 2008 年机械工业出版社出版的《机电产品报价手册》、网络询价及市场询价确定。

②运杂费率、安装调试费率参照《资产评估》（2009 年全国注册资产评估师执业指南）、《资产评估操作教程》（2002 年第一版）及《最新资产评估常用数据与参数手册》（2004 年）中的相关内容确定。

③由于本次委估设备购建周期短，资金成本较小，忽略不计。

（2）车辆重置成本的确定

车辆的重置成本包括：车辆价款、车辆购置税（叉车不含此项）、证照及检车费（叉车不含此项）等。

重置成本各构成要素的确定方法和说明如下：

A. 车辆价款主要通过以下两种方式取得：

① 对于能够查询到市场价格的车辆，根据评估基准日或接近评估基准日时的市场价格，在车辆型号、配置相同或相近的条件下，根据替代原则，选择较低的市场价格作为委估车辆的车辆价款。

② 对于委估车辆已停产或国内淘汰的车型，采用同级别（同级别指发动机排量、配置情况等相同或相近）或替代型号车辆的现行市场参考价格，充分考虑二者之间功能方面的差异，考虑其功能性贬值，确定委估车辆价款。

B. 车辆购置税的确定

车辆购置税＝[车辆价款/（1＋增值税率）]×10%

其中：增值税率取 17%。

C. 证照及检车费的确定

根据该市新车检车、上牌照的实际费用情况，确定证照及检车费为 500 元。

2. 综合成新率的确定

评估人员通过现场勘察，了解设备使用年限、运行维护状况、工作条件、损坏磨损程度等相关情况，参照《最新资产评估常用数据与参数手册》（2004 年）内有关设备经济使用寿命的数据，结合每台设备具体情况，逐台（件）

鉴定设备的成新率，并考虑设备的功能性损耗，综合计算得出成新率。

对于价值较低、使用年限较短且正常使用的机器、电子设备，直接采用年限法确定成新率。

（1）机器设备及电子设备综合成新率的确定

综合成新率＝年限成新率×40％＋观察法成新率×60％

A．年限法成新率

计算公式为：

年限法成新率＝（经济耐用年限－已使用年限）/经济耐用年限
×100％

其中：

①已使用年限的确定

对于正常使用的机器设备和电子设备，已使用年限按日历年限计算。

②经济耐用年限的确定

经济耐用年限参照《最新资产评估常用数据与参数手册》（2004 年）确定。

B．观察法成新率

评估人员通过现场勘察，了解了设备使用情况、故障率、磨损情况、维修保养情况、工作负荷等情况，参照《最新资产评估常用数据与参数手册》（2004 年）对机器设备陈旧贬值参考表和国家相关强制性标准，进行现场打分，确定设备的观察法成新率。

（2）车辆综合成新率的确定

A．理论成新率

①按使用年限计算成新率：

年限成新率＝（规定使用年限－已使用年限）/规定使用年限×100％

②按行驶里程计算成新率

里程成新率＝（规定行驶里程－已行驶里程）/规定行驶里程×100％

理论成新率＝（年限成新率＋里程成新率）/2

B．观察法成新率

详见下表：

表 6   观察法成新率评分标准

序号	项目名称	达标程度	参考标准分
1	发动机部分（包含两大机构五大系）	外表清洁、无渗漏、怠速运转良好、加速性能良好、高速性能稳定、汽缸功率达到设计要求、燃料消耗正常	30
2	底盘部分（包含离合器、变速器、传动、驱动，车架、车轮、悬架、转向，制动）	离合器分离彻底，结合柔和，无打滑、异响等现象；换挡顺畅，无跳挡、乱挡、异响、漏油等；方向传动装置灵活、可靠；驱动桥无异响、漏油等情况；转向灵敏轻松、操纵稳定，无跑偏、摆振等现象；制动安全可靠	30
3	车身及电器设备（包含表漆、门、窗、车灯、座椅、仪表、空调、音响、气囊、ABS 以及各种电路管线等）	车身无变形；表漆光亮、无划痕；密封良好；门窗开启正常，无异响；座椅完好无磨损；仪表灵敏可靠；各种电气设备功能正常、稳定；车内电器设备的接线走线规矩、整齐、无老化现象	40

观察法成新率＝标准分得分×100％

C. 综合成新率

综合成新率＝理论成新率×40％＋观察法成新率×60％

四、评估情况

经询价及现场勘查确定，所有固定资产数量账实相符。

（一）固定资产——机器设备

机器设备是 8 个手动堆高机。账面价值如下：

表 7   堆高机账面价值

序号	设备编号	设备名称	规格型号	生产厂家	数量	计量单位	购置日期	启用日期	账面价值（元）原值	净值
1	D01	手动堆高机	X11	牛力	8.00	个	2006.6	2006.6	12 800.00	6 400.00

经询价，手动堆高机现在单价 1450 元/个（含运费、安装费），经济耐用年限 6 年，已使用 3 年。观察法成新率为 55％。

（二）固定资产——车辆

车辆账面价值如下：

表 8 车辆的账面价值

序号	车辆牌号	车辆名称及规格型号	生产厂家	计量单位	购置日期	启用日期	已行驶里程（公里）	账面价值（元）	
								原值	净值
1	A0101	林德平衡重式电动叉车 E25—01	林德	辆	2005.12.3	2006.1.1		69 000.00	20 700.00
2	A0102	林德平衡重式电动叉车 E25—01	林德	辆	2005.12.3	2006.1.1		69 000.00	20 700.00
3	A0103	林德平衡重式电动叉车 E25—01	林德	辆	2005.12.3	2006.1.1		69 000.00	20 700.00
4	A0104	林德平衡重式电动叉车 E25—01	林德	辆	2005.12.3	2006.1.1		69 000.00	20 700.00
5	A0105	林德平衡重式电动叉车 E25—01	林德	辆	2005.12.3	2006.1.1		69 000.00	20 700.00
6	A0106	林德平衡重式电动叉车 E25—01	林德	辆	2005.12.3	2006.1.1		69 000.00	20 700.00
7	A0201	MITSUBISHI 柴油叉车—FD25NT	日本	辆	2008.4.19	2008.5.19		220 000.00	176 000.00
8	A0202	MITSUBISHI 柴油叉车—FD25NT	日本	辆	2008.4.19	2008.5.19		220 000.00	176 000.00
9	A0203	MITSUBISHI 柴油叉车—FD25NT	日本	辆	2008.4.19	2008.5.19		220 000.00	176 000.00
10	A0204	MITSUBISHI 柴油叉车—FD25NT	日本	辆	2008.4.19	2008.5.19		220 000.00	176 000.00
11	BBG63154	东风柴油厢式运输车 EQ5141XXYK1	东风	辆	2009.2.1	2009.3.1	6 200.00	350 120.00	329 112.80
12	BBG63155	东风柴油厢式运输车 EQ5141XXYK1	东风	辆	2009.2.1	2009.3.1	6 200.00	350 120.00	329 112.80
13	BBG63156	东风柴油厢式运输车 EQ5141XXYK1	东风	辆	2009.2.1	2009.3.1	6 200.00	350 120.00	329 112.80
14	BBG63156	东风柴油厢式运输车 EQ5141XXYK1	东风	辆	2009.2.1	2009.3.1	7 500.00	350 120.00	329 112.80
15	BBG63156	东风柴油厢式运输车 EQ5141XXYK1	东风	辆	2009.2.1	2009.3.1	7 500.00	350 120.00	329 112.80

1. 林德平衡重式电动叉车 E25—01

经询价，该叉车重置成本 71000 元/辆，综合成新率为 35％。

2. ITSUBISHI 柴油叉车—FD25NT

现场勘察，该叉车目前使用状态良好，维护保养较好，各主要部件均能达到原设计功能，并配备 TYYU 叉车属具有限公司生产的型号为 45F—RCF—04A 的纸卷夹 1 个。

（1）重置成本

评估人员通过与经销商询价和网络查询，了解到该种型号的叉车市场价为 140 000.00 元，纸卷夹市场价为 68 000.00 元，因此确定重置成本为 208 000.00 元。

（2）综合成新率

①该叉车理论成新率 90％

②观察法成新率

表 9　　　　　　　　　　　　观察法成新率评分标准

序号	项目名称		达标程度	参考标准分	现场打分
1	起重部分	升降机构	油缸密封良好，无裂纹和泄漏现象。货叉、门架、链轮、链条无变形，磨损不超限，连接配合良好，工作灵敏可靠。	38	37
		液压控制系统	液压系统管路畅通，密封良好，与其他机件不磨不碰。操纵手柄（杆）无变形、轻便灵活，工作可靠。安全阀动作应灵敏可靠，调整元件齐全有效。	22	21
2	走行部分	发动机部分	发动机动力性能良好，运转平稳，连接部分无松动、脱落、损坏，线路、管路无漏电、漏水、漏油现象。	16	15
		底盘部分	离合器分离彻底，接合平衡，不打滑、无异响，车架无变形、开裂或锈蚀现象，轮胎气压和承受的负荷符合规定，转向轻便灵活。	14	13
		车身及电气部分	车身周正，表皮平整，漆面整洁，不锈污。电器导线捆扎成束，布置整齐，卡紧固定，接头牢固并有绝缘封套，导线穿越洞孔时装设绝缘套管。	10	8
合　　计				100	94

3. 东风柴油厢式运输车 EQ5141XXYK1

经现场勘察，该车为厢式两翼车，厢体后部装有装卸货物的液压升降尾板，利用率较高，维护保养较好。

发动机部分：外表清洁、无渗漏、怠速运转正常、加速性能良好、汽缸功率符合设计标准、燃料消耗正常，技术状况良好。

底盘部分：车架正常；离合器接触柔和；变速箱换挡顺畅；驱动桥正常；转向、制动灵敏可靠；轮胎较轻磨损。

车身及电器设备部分：外表漆较好；密封良好；门窗开启正常，无异响；座椅完好；仪表正常；各种电气设备功能正常。

该车技术状况符合交通部《汽车运输业车辆技术管理规定》中一级车辆标准。

（1）重置成本

评估人员通过与经销商询价和网络查询，了解到该种型号的车辆（含两翼）市场价（含增值税）大约为 282 000.00 元，液压升降尾板的市场价大约为 22 000.00 元。考虑车辆购置附加税、证照及检车费等因素，确定重置成本为 287628 元。计算过程如下：

重置成本＝车辆现行市场参考价格＋购置附加税＋证照费＋液压升降尾板市场价＝_____

（2）综合成新率

A. 理论成新率

①按使用年限计算成新率

参照《关于发布〈汽车报废标准〉的通知》（国经贸经〔1997〕456 号），委估货车规定使用年限为 10 年，已使用 0.33 年，则成新率为 96.67%。

②按行驶里程计算成新率

参照《关于发布〈汽车报废标准〉的通知》（国经贸经〔1997〕456 号），委估车规定行驶里程为 400 000km，已行驶里程分别为 6 200 km 和 7 500km，则成新率分别为：98.45%，98.13%。

理论成新率＝(年限成新率＋里程成新率)/2

B. 观察法成新率：均为 96%

（三）固定资产——电子设备

电子设备账面价值如下：

表 10　　　　　　　　　　　　　　电子设备的账面价值

序号	设备编号	设备名称	规格型号	生产厂家	计量单位	购置日期	启用日期	账面价值（元）	
								原值	净值
1	C0101	空调	E13	松下	台	2006.6	2006.6	3 395.00	1 358.00
2	C0102	空调	E13	松下	台	2006.6	2006.6	3 395.00	1 358.00
3	C0103	空调	E13	松下	台	2006.6	2006.6	3 395.00	1 358.00
4	C0104	空调	E13	松下	台	2006.6	2006.6	3 395.00	1 358.00
5	C0105	空调	E13	松下	台	2006.6	2006.6	3 395.00	1 358.00
6	C0106	空调	E13	松下	台	2006.6	2006.6	3 395.00	1 358.00
7	C0107	空调	E13	松下	台	2006.6	2006.6	3 395.00	1 358.00
8	C0108	空调	E13	松下	台	2006.6	2006.6	3 395.00	1 358.00
9	C0109	空调	E13	松下	台	2006.6	2006.6	3 395.00	1 358.00
10	C0111	空调	E13	松下	台	2006.6	2006.6	3 395.00	1 358.00
11	C0112	空调	E13	松下	台	2006.6	2006.6	3 395.00	1 358.00
12	C0113	空调	E13	松下	台	2006.6	2006.6	3 395.00	1 358.00
13	C0114	空调	E13	松下	台	2006.6	2006.6	3 395.00	1 358.00
14	C0201	电脑	M4900	联想	台	2006.6	2006.6	5 998.00	2 399.20
15	C0202	电脑	M4900	联想	台	2006.6	2006.6	5 998.00	2 399.20
16	C0203	电脑	M4900	联想	台	2006.6	2006.6	5 998.00	2 399.20
17	C0204	电脑	M4900	联想	台	2006.6	2006.6	5 998.00	2 399.20
18	C0205	电脑	M4900	联想	台	2006.6	2006.6	5 998.00	2 399.20
19	C0206	电脑	M4900	联想	台	2006.6	2006.6	5 998.00	2 399.20
20	C0207	电脑	M4900	联想	台	2006.6	2006.6	5 998.00	2 399.20
21	C0208	电脑	M4900	联想	台	2006.6	2006.6	5 998.00	2 399.20
22	C0209	电脑	M4900	联想	台	2006.6	2006.6	5 998.00	2 399.20
23	C0210	电脑	M4900	联想	台	2006.6	2006.6	5 998.00	2 399.20
24	C0301	打印机	L1020	惠普	个	2007.1	2007.1	1 200.00	600.00
25	C0302	打印机	L1020	惠普	个	2007.1	2007.1	1 200.00	600.00
26	C0303	打印机	L1020	惠普	个	2007.1	2007.1	1 200.00	600.00
27	C0304	打印机	L1020	惠普	个	2007.1	2007.1	1 200.00	600.00
28	C0305	打印机	L1020	惠普	个	2007.1	2007.1	1 200.00	600.00
29	C0306	打印机	L1020	惠普	个	2007.1	2007.1	1 200.00	600.00
30	C0307	打印机	L1020	惠普	个	2007.1	2007.1	1 200.00	600.00
31	C0308	打印机	L1020	惠普	个	2007.1	2007.1	1 200.00	600.00
32	C0309	打印机	L1020	惠普	个	2007.1	2007.1	1 200.00	600.00
33	C0310	打印机	L1020	惠普	个	2007.1	2007.1	1 200.00	600.00
34	C0401	复印机	IR0000	Canon	个	2006.6	2006.6	117 950.00	56 026.25
35	C0402	复印机	IR0000	Canon	个	2006.6	2006.6	117 950.00	56 026.25
36	C0403	复印机	IR0000	Canon	个	2006.6	2006.6	117 950.00	56 026.25

1. 空调

经询价和功能类比调整，确定重置成本为 3 100 元/台，综合成新率 48%

2. 电脑

经询价和功能类比调整，确定重置成本为 4 050 元/台，综合成新率 52%

3. 打印机

打印机主要耗材已更新，经询价和功能类比调整，确定重置成本为 1020 元/个，综合成新率 70%

4. 复印机

（1）重置成本

评估人员通过《商务采购手册》和网络查询，委估型号的数码复印机已经停产，与委估型号相近的数码复印机市场价格为 90 000.00 元，免费送货上门，考虑功能性减值 5%，确定市场价格为 85 500.00 元，添加打印卡需加价 7 800.00 元，所以委估数码复合机重置成本为 93 300.00 元。

（2）成新率

由于该资产维护较好，使用正常，所以直接采用年限法确定其成新率。

$$成新率＝（经济耐用年限－已使用年限）/规定使用年限×100\%$$
$$＝(7-3)/7≈57\%$$

2.2.2　房屋建筑物类评估说明

一、委估房屋建筑物类固定资产具体情况

（1）B 总包工程。仓库是 2003 年 11 月投入使用，共由一号建筑（仓库）、二号建筑（车检房）、三号建筑（门卫室）组成。一号建筑和二号建筑均为钢结构，三号建筑为砖混结构，工程工期 233 天。

（2）机房及车库改装工程为二号建筑的部分改造工程，2009 年 5 月完工。评估人员将其工程部分并入二号建筑一并评估，并在二号建筑评估时充分考虑了改装工程的影响。

表 11　　　　　　　　委估建筑物类固定资产有关情况

序号	权证编号	建筑物名称	结构	建成年月	建筑面积（m²）	成本单价（元/m²）	账面价值（元）	
							原值	净值
1	aaa	仓库	轻钢	2003.11	15 072.50		20 974 730.20	14 682 311.14
2	aaa	车检房	轻钢	2003.11	575.21		2 944 542.10	2 061 179.47
3	aaa	门卫室	砖混	2003.11	36.69		96 200.00	67 340.00
4	aaa	室外工程		2003.11			2 813 076.00	1 969 153.20

注：数据准备阶段的格式文件只需填列此表。

本案例只要求详细评估一号建筑。

二、一号建筑

（一）概况

一号建筑为仓库区和办公区，建筑面积 15 072.50 平方米，仓库区单层轻钢结构，办公区为二层轻钢结构，地震设防烈度为八度，建筑结构安全等级为二级，结构设计的使用年限为 25 年，耐火等级为二级，建筑类别为丙类建筑。维护结构墙体为 YTONG 轻质砂加气混凝土板墙体。地基采用碎石挤密桩复合地基，地基承载力设计标准值 fKa＝180KPa。中央空调、照明、上下水、通风设施齐全。

（二）工程产权状况及投资等情况（略）

（三）勘察情况

该建筑物结构整体尚好，车检房屋面个别部位有漏水情况，仓库屋面曾经有过漏水现象，现已修复，仓库地面有裂缝已修补，仓库大门初始建设质量一般，已有更换过一樘，其他设施尚能正常使用，整体状况较好。

在对隐蔽工程进行勘察时，经评估人员了解发现如下事项：

（1）工程竣工后不久即发现仓库地面裂缝，经工程承包方关东建设修补，裂缝问题解决。但在施工过程中，立信物流公司发现基础与地基间形成了空隙，致使基础架空，有可能已造成或将造成地基承载力的下降。

（2）工程验收竣工后，即发现存在下水管网或/和循环水池跑漏情况，立信物流公司多次与承包方交涉此事，均未能得到圆满解决，该问题一直存在。目前，立信物流公司每两月需要注水 200 吨左右，已形成非正常损失。

评估人员现场勘察阶段未发现上述情况有影响建筑结构的明显迹象出现。由于未做专业检测，评估人员无法判断上述隐蔽工程是否已对和将对建筑结构形成实质性影响。

（四）评估方法

评估人员无法找到近期类似建筑的足够成交案例，目前国内国际的形势无法预测仓库的客观收益，因此无法采用市场法和收益法进行评估。评估人员根据评估目的及收集到的有效可用资料，选用重置成本法进行评估。

计算公式：

评估值＝重置成本×成新率

1. 重置成本的确定

重置成本＝建安工程费＋前期及其他费用＋资金成本＋投资利润

（1）建安工程费的确定

建安工程费由建筑工程费、设备工程费以及装饰工程费等组成。根据立信物流公司提供的施工图和施工合同等资料，对于不同的分部工程，采用重编预算法确定建安工程费。

根据立信物流公司提供的施工图结合现场踏勘情况确定工程量，套用《AA市建筑工程预算定额》（2001），计算出工程的定额直接费，根据 AA 市执行的取费标准和取费程序，计算出各分部工程或分项工程的建安工程费。见下表：

表 12　　　　　　　　各分部工程建安工程造价表

序号	名称	土建工程（元）	装饰工程（元）	设备工程（元）	建安工程造价合计（元）
1	一号建筑	11 031 548.12	2 051 764.15	4 408 781.83	

一号建筑的土建工程和装饰工程造价计算表如下：

表 13　　　　　　　一号建筑的土建工程造价计算表

序号	费用项目名称	表达式	费率（%）	费用金额（元）
1	定额直接费			9 970 849.18
2	现场经费	[1]×费率		
3	直接费小计	[1]+[2]		
4	企业管理费	[3]×费率		
5	利润	[3]＋[4]×费率	7	
6	税金	[3]+[4]+[5]×费率	3.4	
7	工程造价	[3]～[6]		

表 14　　　　　　　一号建筑的装饰工程造价计算表

序号	费用项目名称	表达式	费率（%）	费用金额（元）
1	定额直接费			1 586 120.07
2	其中：人工费			380 119.06
3	现场经费	[2]×费率	26	
4	直接费小计	[1]＋[3]		
5	企业管理费	[2]×费率	44.6	
6	利润	[4]+[5]×费率	7	
7	税金	[4]+[5]+[6]×费率	3.4	
8	工程造价	[4]～[7]		

（2）前期及其他费用的确定

根据国家及该市执行的建设工程前期费用内容和标准，结合立信物流公司项目自身特点和历史费用支出情况，确定立信物流公司建设工程前期及其他费用项目和费率，详见下表：

表 15　　　　　　　　　　　　　　前期及其他费用表

序号	费用名称	计费基数	费率（%）	备注
1	建设单位管理费	建安工程费	0.05	
2	可行性研究费	建安工程费	2.00	
3	勘察费设计费	建安工程费		
4	工程建设监理费	建安工程费	1.00	
5	招标代理服务费	建安工程费	0	协议，无此项费用
6	工程质量监督费	建安工程费	0	很小，可以忽略
7	临时设施费	建安工程费	0	总包工程，无此项
8	竣工图编制费	建安工程费	0	含在设计费中
9	预决算编审费	建安工程费	0	含在设计费中
10	证照费及其他	建安工程费	0.05	
合计		建安工程费	3.10	

一号建筑前期及其他费用合计：＿＿＿＿＿＿元。

（3）资金成本的确定

根据工程项目的建安工程费、前期及其他费用、建设期以及当期银行贷款利率等，并假设在建设期内资金均匀投入确定资金成本。

合理建设期为 233 天（一年按 365 天计算），建设期资金成本按中国人民银行 1 年期贷款利率 5.31% 计取。

资金成本＝（建安工程费＋前期及其他费用）/2×贷款利率×建设工期＝＿＿＿＿＿＿＿＿

（4）投资利润的确定（需计算）

《关于在财务统计工作中执行新的企业规模划分标准的通知》（国统字〔2003〕17 号）文件规定标准如下表：

表 16　　　　　　　　　　　　　企业规模划分标准

行业名称	指标名称	计算单位	大型	中型	小型
仓储企业	从业人员数	人	500 及以上	100～500 以下	100 以下
	销售额	万元	15 000 及以上	1 000～15 000 以下	1 000 以下

另据该文件规定，大型和中型企业须同时满足所列各项条件的下限指标，否则下划一档。

立信物流公司从业人员不足 100 人，业务收入 3000 万元，属于小型仓储企业。

参照《企业绩效评价标准值》(2009)，仓储业资本报酬率如下表：

表 17　　　　　　　　　　　　　　仓储业资本报酬率

指标	小型仓储企业		
	优秀值	良好值	平均值
净资产收益率％	5.2	3.1	−0.6
总资产报酬率％	3.1	1.4	−0.3
主营业务利润率％	7.2	2.4	−3.9
盈余现金保障倍数	19.3	7.5	0.4
成本费用利润率％	3.0	1.4	−0.8
资本收益率％	4.0	2.5	−0.8

评估人员综合立信物流公司的相关指标，确定立信物流公司属于小型仓储企业中的良好类，按照上述标准，资本收益率为 2.5％，即投资报酬率为 2.5％。

投资利润＝(建安工程费＋前期及其他费用＋资金成本)×投资报酬率＝_____

2. 综合成新率的确定

根据年限法成新率与勘察法成新率确定建筑物的综合成新率，其中：

建筑物综合成新率＝年限法成新率×40％＋勘察法成新率×60％

(1) 年限法成新率

年限法成新率＝∑［(经济耐用年限－已使用年限)/经济耐用年限］×权重×100％

一号建筑已使用 5.58 年，尚可使用 19.42 年，确定的成新率为 77.68％。

(2) 勘察法成新率由评估人员现场打分评定。举例如下：

表 18　　　　　　　　　**一号建筑勘察法成新率评分表**

项目	分部	基本情况	库房现状	标准分	打分	打分标准
结构部分	地基基础	有足够承载能力，无超过允许范围的不均匀沉降。	好（地基有不均匀沉降）	25	19	报废 0%，尚可使用 15%，很差 20%，差 25%，较差 37.5%，一般 50%，较好 62.5%，好 75%，很好 81.25%，基本完好 87.5%，完好 100%
	承重构件	梁、柱、墙、板、屋架平直牢固，无倾斜变形、裂缝、松动、腐朽、蛀蚀。	很好	25	20	
	墙体	加气混凝土板式隔墙节点安装牢固，拼缝处不渗漏。	很好	15	12	
	屋面	不渗漏，基层平整完好，积尘甚少，排水畅通。	较好，个别有渗漏	20	13	
	楼地面	整体面层平整完好，无空鼓、裂缝、起砂。	较好，地面有裂缝，已修补	15	9	
	小计			100	73	
装饰部分	顶棚	完整牢固、无破损、变形、腐朽和下垂脱落，油漆完好。	好	20	15	报废 0%，尚可使用 15%，很差 20%，差 25%，较差 37.5%，一般 50%，较好 62.5%，好 75%，很好 81.25%，基本完好 87.5%，完好 100%
	内粉饰	完整、牢固、无破损、空鼓和裂缝（风裂除外）。	好	30	23	
	外粉饰	完整牢固，无空鼓、剥落、破损和裂缝（风裂除外），勾缝砂浆密实。	好	30	23	
	门窗	完整无损，开关灵活，玻璃、五金齐全，油漆完好（允许有个别钢门、窗轻度锈蚀）。	一般，初始建设质量不高，除已更换一樘外，现状一般	20	10	
	小计			100	71	

项目	分部	基本情况	库房现状	标准分	打分	打分标准
设备部分	水卫	上、下水管道畅通，各种卫生器具完好，零件齐全无损。	一般，地下水管可能跑漏	20	10	报废0%，尚可使用15%，很差20%，差25%，较差37.5%，一般50%，较好62.5%，好75%，很好81.25%，基本完好87.5%，完好100%
	电照	电器设备、线路、各种照明装置完好牢固，绝缘良好。	好	40	30	
	采暖	设备、管道、烟道畅通、完好，无堵、冒、漏，使用正常。	好（闲置）	30	23	
	通风和空调	现状良好，使用正常。	通风好，一部空调压缩机报废停用，另一部尚可使用	10	4	
	小计			100	67	
勘察法成新率＝(结构部分小计得分＊G＋装修部分小计得分＊S＋设备部分小计得分＊B)＊100%						71%

即：一号建筑勘察法成新率＝73%×0.63＋71%×0.12＋67%×0.25
＝71.26%

三、其他建筑（不需做工作底稿，直接按表中数据填评估明细表）

表19　　　　　　　　　　　其他建筑物的评估情况

序 号	名 称	重置成本（元）	成新率	评估值（元）
2	二号建筑	2 735 657	72%	1 969 674
3	三号建筑	95 151	70%	66 606
4	室外工程	2 968 086	71%	2 119 214

2.3 无形资产评估说明

2.3.1 无形资产概况

无形资产包括土地使用权1项和其他无形资产8项。由于本次评估的委托方达成共识，土地使用权以账面值列示在评估净资产中。

表 20　　　　　　　　　　　　　　　　**无形资产概况**

序号	内容或名称	取得日期	法定/预计使用年限（年）	原始入账价值（元）	账面价值（元）
1	office2003 标准版	2004.09.01	5	16 450.00	822.31
2	ASP 软件	2004.11.01	5	94 736.84	7 895.14
3	Windows xp 日文版	2004.12.01	5	7 041.28	821.73
4	用友软件网络版	2008.09.01	5	25 960.00	22 066.06
5	Windows2003 微软软件	2008.09.01	5	5 100.00	4 335.00
6	DELL2950 服务器软件	2009.04.01	5	41 590.00	39 510.52
7	土地使用权				9 686 859.20

2.3.2　核实的内容、方法、过程和结果

（1）存在性

从法律、经济、技术和对企业获利是否有贡献等角度分析，评估人员未发现立信物流公司申报评估的上述无形资产不存在的迹象。

（2）特征、获利能力和获利期限

从特征角度看，立信物流公司申报的上述无形资产属于企业生产经营必备软件，其中第 2 项为定制的专用软件，第 4 项为财务专用软件，其余均为通用软件。

从获利能力角度看，立信物流公司申报的上述无形资产都是通过为企业提供服务，间接获利。

从获利期限角度看，立信物流公司申报的上述无形资产的获利期限均为软件本身的经济年限。

2.3.3　选取评估方法的理由

评估人员根据委估无形资产均为软件的特点，对第 4 项用友软件采用市场法评估，其余按账面价值认定。

用友软件于 2008 年 9 月升级为 U8 普及版，升级费用计入无形资产。

该财务软件运行稳定，使用正常，升级时含一年服务费，截至评估基准日 2009 年 6 月 30 日尚有 3 个月服务费未到期。

评估人员通过网络查询和向经销商询价，网络版的 U8 普及版与委估软件相同模块及许可数的市场统一报价为 55 600.00 元。同时，据用友公司销售人

员介绍，如果立即订购可以享受最低 5 折优惠，即 27 800.00 元，且包括上门安装费和 1 年服务费。如果不含 1 年服务费，则报价为 26 800.00 元。另外年服务费为市场统一报价的 10%，即 5 560.00 元，则 3 个月服务费为 1 340.00元。评估人员认为上述价格及服务费较为合理，以此作为评估值，具体计算如下：

> 委估软件评估值
> ＝不含服务费的市场价格＋服务费
> ＝ _____

2.4 长期待摊费用

表 21   长期待摊费用

序号	费用名称或内容	形成日期	原始发生额（元）	预计摊销月数	账面价值（元）
1	软件开发费	2007.6.1	239 960.00		143 976.00

长期待摊费用以核实无误的账面值确认评估值。

2.5 各项负债的评估说明

立信物流公司的负债均为流动负债。具体包括：应付账款、其他应付款、应付工资、应交税金等，无长期负债。

评估人员对负债采用的评估方法主要是查证核实，工作程序如下：

(1) 核对清查评估明细表与报表、总账、明细账是否一致；

(2) 逐项核实负债是否客观存在；

(3) 采用抽查记账凭证及附件、函证等方式推断其余额的可靠性。

2.5.1 应付账款

表 22   应付账款的账面价值

编号	户名（结算对象）	发生日期	业务内容	账面价值（元）
1	C 物流公司		应付外包运费	−206 030.76

评估人员取得了有关款项的原始凭证、合同等证明资料后，确定以上负债均为评估基准日立信物流公司应承担的负债，以核实无误的账面值作为评估值。

2.5.2 其他应付款

表 23 其他应付款的账面价值

编号	户名（结算对象）	发生日期	业务内容	账面价值（元）
1	神龙贸易公司	2009.3	赔偿款	119 236.47

评估人员取得了有关款项的原始凭证、业务合同等证明资料后，确定以上负债均为评估基准日立信物流公司应承担的负债，以核实无误的账面值作为评估值。

2.5.3 应付职工薪酬

应付职工薪酬为应付全体员工的半年奖。

表 24 应付薪酬的账面价值

编号	部门或内容	发生日期	账面价值
1			337 700.29

评估人员取得了原始凭证、工资表等证明资料后，确定以上负债均为评估基准日立信物流公司应承担的负债，以核实无误的账面值作为评估值。

2.5.4 应交税金

应交税金为应缴纳的代扣代缴个人所得税。

表 25 应交税金的账面价值

编号	征税机关	发生日期	税种	账面价值（元）
1	SS 区税务局	2009.5	个人所得税	30 782.68

评估人员取得有关证明资料后，确定以上负债均为评估基准日立信物流公司应承担的负债，评估人员取得了相关资料，以核实无误的账面值作为评估值。

3. 评 估 结 论

根据评估结果，完成下列评估结论。

3.1 评 估 结 论

产权持有单位在评估基准日 2009 年 6 月 30 日的资产账面价值_____元，负债账面价值_____元，净资产账面价值_____元。资产调整后账面价值_____元，负债调整后账面价值_____元，净资产调整后账面价值_____元。按照资产基础法的评估结果是，资产评估值_____元，负债评估值_____元，所有者权益评估值_____元。

ABC 物流拟收购立信物流公司 45％股东权益在 2009 年 6 月 30 日立信物流公司持续经营前提下的市场价值为_____×45％_____＝（元）

上述评估结论根据以上评估工作得出。

3.2 评估结果与调整后账面值比较变动情况及原因

（1）_____增（减）值_____元，主要由于_____。

（2）_____增（减）值_____元，主要由于_____。

（3）_____增（减）值_____元，主要由于_____。

附件3：中国移动股份有限公司背景资料

影响中国移动股份有限公司企业价值的因素分析：

1. 宏观环境

居民消费结构出现变化。居民电信和网络消费持续增长，成为人们日常消费的重要组成部分，农村地区成为电信业务增长的重要力量。2006 年，我国电信业的总收入达到 830 亿美元。每月平均每人通话从 2005 年 200 多分钟上升到 2006 年的 300 多分钟。用户平均每月的电信消费数额在下降。电信和网络用户数快速增长，2006 年我国固定电话、移动电话用户总数达到 8.3 亿户，互联网上网人数已达 1.32 亿。耐用消费品出现分化。

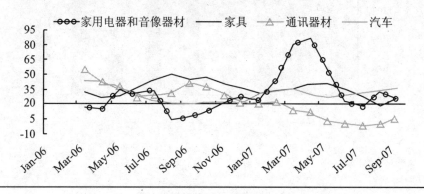

图1 中国消费结构变化

资料来源：国家统计局，中信证券研究部。

2. 行 业 分 析

　　移动电话从一开始出现就以技术的先进性和服务的便捷性吸引人们的注意，移动用户数持续增长，随着移动通信技术的不断更新和服务网络的不断扩展，移动用户有加速增长的趋势。从全球来看，西欧发达国家用户普及率已经超过100％，但用户数仍在增长，在中国和印度增长趋势更为明显，由于用户普及率距离100％还有较大差距，中国的用户有加速增长的趋势。

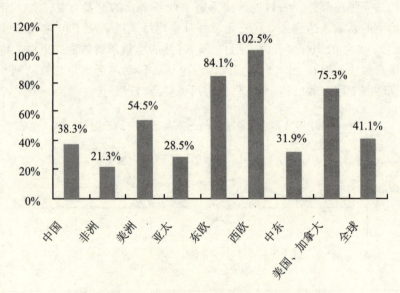

图 2　中国与世界各地区用户渗透率（普及率）对比

　　移动用户数的快速增长，带来对固定电话的替代，现在还仍然庞大的固话用户构成未来移动用户增长的潜在来源。

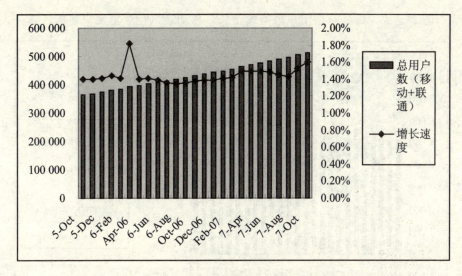

图 3　中国移动总用户数月统计数据

中国电信用户数持续增长，已经接近 9 亿用户，电信用户的增长主要来自新增移动用户。目前固定电话用户数基本保持稳定，大约为 3.7 亿户。固话的月新增用户量接近为零。与此同时，移动用户数增长的态势继续延续，月新增用户在 600 万户以上。

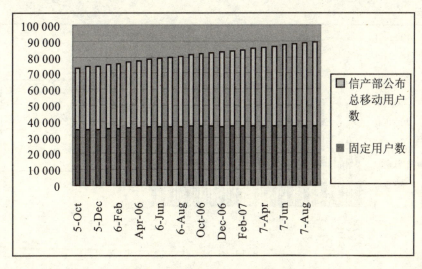

图 4　移动用户和固定用户的对比

图 5 显示，每月新增用户数持续增长，移动通讯行业呈现快速扩张态势。

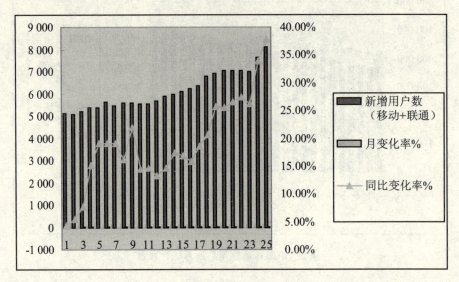

图 5   移动用户数月变化情况

两大运营商（中国移动和中国联通）的用户数持续增长，其中中国移动的增速明显，市场份额不断扩大。

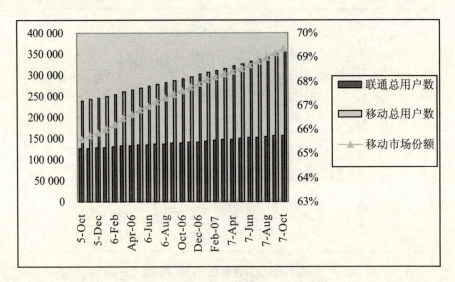

图 6   中国移动与中国联通的市场份额

　　中国移动原来是一家独大，没有竞争对手。联通组建后在国家的扶持下与中国移动展开竞争，2005 年中国联通用户市场份额为 35％，中国移动用户市场份额为 65％，但随着中国移动规模优势的不断体现，2007 年中国联通的市场份额只有 31％，而中国移动的市场份额为 69％。

　　中国移动网络覆盖更广，信号更加清晰，规模优势使得其在发展新用户方面拥有绝对优势，中国移动月新增用户从 2005 年 390 万增长到 2007 年 10 月的 660 万；中国联通的月新增用户数稳定在 130 万左右。

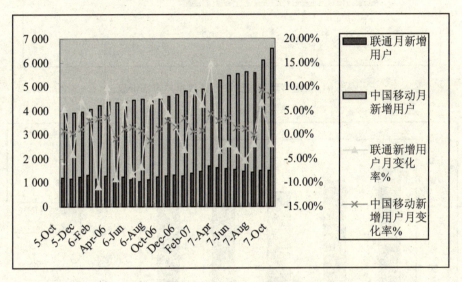

图 7　中国移动和中国联通月新增用户数

　　从新增用户分析，中国移动新增用户市场份额从 2005 年 10 月的 76％增长到 2007 年 10 月的 81.6％。

　　截至 2007 年 11 月，中国移动和固定电话用户数突破 9 亿，其中移动通信业务收入在整个电信业务收入中所占比例已经超过 50％。短信、彩信、手机电视等基于移动通信网的增值业务发展迅猛。移动增值业务收入占移动通信业务收入的比例约为四分之一。电话用户主要分布在沿海发达地区和城市地区，广大的农村地区尤其是中西部农村，通信基础设施还相当落后。从2001 年到 2006 年，全国电信资费下降了 62％。其中，2006 年比 2005 年下降了 11.5％。图 9 显示，移动用户人均每月用费呈缓慢下降趋势，但近年来降速有所减弱。

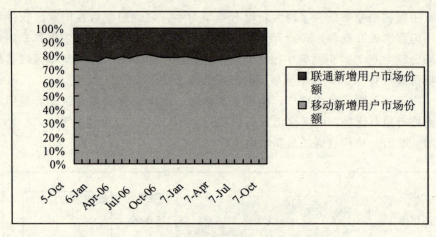

图 8 中国移动和中国联通新增用户市场份额

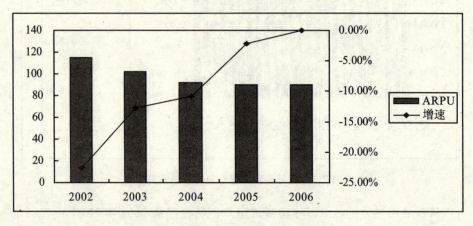

图 9 移动用户人均每月用费及增速

3. 公司分析

从中国移动的业务结构分析，主要有两大类，即语音业务和增值业务。语音业务是移动通信的基础业务，满足最基础的通话功能，利润率较低，但由于目前业务规模大，仍是运营商收入和利润主体。占主营业务收入的 75%

以上。增值业务能够满足客户多样化需求，短信、数据业务等都属于该类业务，快速增长的增值业务将成为语音业务的重要补充。

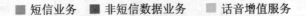

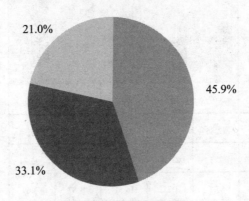

图 10　中国移动增值业务结构

中国移动的增值业务增速在快速滑落，但仍保持在 50％左右，远高于语音业务的增长。

综合来看，中国移动的业务收入增长保持在 20％左右，新业务增速虽然较快，但占比较低，对总收入影响不大。

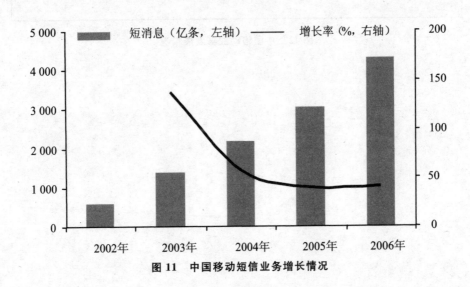

图 11　中国移动短信业务增长情况

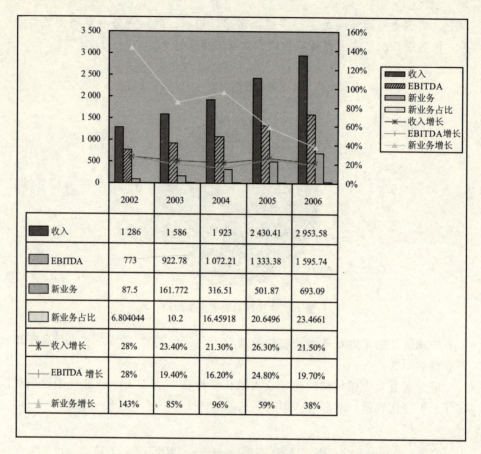

图 12　中国移动业务发展情况

4. 财 务 报 表

表 1　　　　　　中国移动 2002—2006 年资产负债表、
现金流量表及损益表

	2002 年	2003 年	2004 年	2005 年	2006 年
固定资产（物业、厂房及设备）	165 409	171 604	218 063	216 505	218 274
在建工程	23 013	28 370	31 239	41 444	60 111
商誉	36 522	34 373	35 300	35 300	37 594
联营公司权益	16	16			
投资证券	77	77	77	77	77
递延税项资产	455	3 263	4 068	6 625	7 113
递延支出	190	143	96		
非流动资产	225 682	237 846	288 843	299 951	323 169
存货	1 586	2 050	2 499	2 365	3 007
应收最终控股公司款项	1 282	762	356	63	305
应收账款	6 066	6 116	6 553	6 603	7 153
其他应收款	1 465	1 787	1 879	1 911	2 500
预付款及其他流动资产	2 059	2 128	2 974	3 583	4 613
预付税款	3 116	258	235	165	468
银行存款	11 069	17 227	20 264	41 925	82 294
现金及现金等价物	32 575	39 129	45 149	64 461	71 167
流动资产	59 218	69 457	79 909	121 076	171 507
银行贷款及其他带息借款—流动负债	8 132	13 090	8 180		2 996
应付票据	1 256	2 059	1 676	1 359	2 212
融资租赁承担—即期部分	68	68	68	68	68
递延收入—即期部分	6 760	9 476	12 936	16 975	21 823
应付最终控股公司款项	1 217	1 352	459	269	129
应付直接控股公司款项—流动负债	402	47	98	96	186
应付账款	19 251	25 225	35 036	41 931	57 240

	2002 年	2003 年	2004 年	2005 年	2006 年
应计费用及其他应付款	16 460	22 317	32 549	40 007	46 130
税项	6 568	4 516	6 664	9 249	9 823
流动负债	60 114	78 150	97 666	109 954	140 607
净流动负债	−896	−8 693	−17 757	11 122	30 900
资产总值减流动负债	224 786	229 153	271 086	311 073	354 069
银行贷款及其他带息借款—非流动负债	−36 348	19 407	13 000	36 545	33 574
应付直接控股公司款项—非流动负债	−15 176	9 976	23 633		
递延收入(不包括即期部分)	−869	688	944	1 324	930
递延税项负债		97	105	97	192
非流动负债	−52 393	30 168	37 682	37 966	34 696
少数股东权益	−191	182	243	283	371
资产净值	172 202	198 803	233 161	273 107	319 373
股本	2 099	2 099	2 102	2 116	2 130
储备	170 103	196 704	231 059	270 708	316 872
资本及储备	172 202	198 803	233 161	272 824	319 002
除税前正常业务利润	48 978	52 959	61 206	78 264	96 908
固定资产折旧	26 827	36 611	44 320	56 368	64 574
商誉摊销	936	1 850	1 930	169	379
出售固定资产亏损	205	795	535	411	46
固定资产注销	96	669	5 900	5 645	2 857
呆账准备	1 749	2 006	2 273	2 968	3 852
递延支出摊销	43	47	47	1 553	
利息收入	−713	−807	−1 014	−1 615	−2 604
利息支出及融资租赁费用	1 852	2 099	1 679	1 346	1 510
股息收入—调整	−25	−48	−84	−51	2 225
未实现汇兑亏损净额	8	47	24	108	212
营运资金变动前的营运利润	79 701	96 228	116 816	145 166	169 959
存货增加	−234	−464	−106	134	−626
应收最终控股公司款项减少	765	520	1 558	293	−242
应收账款增加	−733	−1 968	−2 082	−3 037	−4 310
其他应收款增加	−234	−259	377	134	−313
预付款及其他流动资产（增加）/减少	9.1	−69	−555	−1 688	−1 627

续　表

	2002 年	2003 年	2004 年	2005 年	2006 年
应付最终控股公司款项增加	450	135	−4 661		−140
应付直接控股公司款项（减少）/增加	402	−355	−1 257		
应付账款增加	4 915	940	2 707	2 303	6 556
应计费用及其他应付款增加	469	6 246	6 365	7 670	5 988
递延收入增加	2 370	2 535	2 724	4 419	4 455
经营业务现金流入	87 962	103 489	121 886	156 294	180 339
已付中国所得税	−18 540	−17 955	−18 107	−24 585	−30 993
经营业务现金流入净额	69 422	85 534	103 779	131 709	149 346
偿还应付直接控股公司有关收购附属公司的款项	−28 733	−5 200	−12 238	−190	−3 410
资本开支	−41 000	−43 871	−59 143	−66 027	−76 969
出售固定资产所得款项	411	233	93	132	80
银行存款（增加）/减少	3 901	−6 158	−3 037	−21 661	−40 372
已收利息	867	656	939	1 468	2 430
股息收入	25	48	84	51	39
投资业务现金流出净额	−64 117	−54 292	−73 302	−87 116	−118 841
新增银行及其他贷款	14 955	760	703	11	
偿还银行及其他贷款	−13 884	−12 790	−14 761	−2 455	−104
已付利息	−1 592	−2 640	−2 040	−1 635	−1 414
已付股息		−10 018	−8 349	−18 894	−26 162
融资业务现金（流出）/流入净额	5 449	−24 688	−24 467	−27 362	−19 494
现金及现金等价物增加	10 754	6 554	6 020	19 420	6 918
年初现金及现金等价物	21 821	32 575	39 129	45 041	64 249
年末现金及现金等价物	32 575	39 129	45 149	64 461	71 167
运营收入	128 561	158 604	192 381	243 041	295 358
通话费	93 272	111 027	128 534	156 710	189 710
其他营运收入	18 388	26 911	39 087	61 276	14 710
增值业务收入	8 740	16 177	31 651	50 187	69 309
月租费	16 901	20 666	24 760	25 055	21 629
营运支出	79 765.00	105 401	132 647	169 355	203 230
电路租费	5 287	−4 914	−3 861	−3 224	−2 451
网间互联支出	12 975	−12 868	−12 072	−15 309	−18 783
工资	6 757	−7 700	−9 717	−14 200	−16 853

	2002 年	2003 年	2004 年	2005 年	2006 年
其他营运支出	27 919	−43 308	−62 677	−80 254	−100 569
折旧	26 827	−36 611	−44 320	−56 368	−64 574
营运利润	48 796	53 203	59 734	73 686	92 128
商誉摊销	−936	−1 850	−1 930		−203
其他收入净额	1 686	2 464	3 167	3 284	2 872
营业外收入净额	571	434	900	1 025	1 017
利息收入	713	807	1 014	1 615	2 604
融资成本	−1 852	−2 099	−1 679	−1 346	−1 510
除税前正常业务利润	48 978	52 959	61 206	78 264	96 908
税项	−16 234	−17 412	−19 180	−24 675	−30 794
除税后正常业务利润	32 744	35 547	42 026	53 589	66 114
少数股东权益	−2	9	22	40	88
股东应占利润	32 742	35 556	42 004	53 549	66 026

5. 其他有关资料及实验要求

根据中移动主营性质，其主营业务收入主要由用户数和人均用费综合决定。其历史用户数变化规律见表 2。

表 2　　　　　　　　　中国移动历史用户数情况表

时　间	Oct−05	Nov−05	Dec−05	Jan−06	Feb−06	Mar−06
联通总用户数	125 369	126 541	127 793	129 101	130 265	131 544
移动总用户数	238 778	242 693	246 652	250 724	254 927	260 645
移动市场份额	66％	66％	66％	66％	66％	66％
电信用户数	73 163	73 896	74 386	75 179	75 975	76 846
固话用户数	34 859.2	35 079.7	35 043.3	35 299.1	35 539.2	35 876.8
移动总用户数（移动＋联通）	364 147	369 234	374 445	379 825	385 192	392 189
增长速度	1.40％	1.40％	1.41％	1.44％	1.41％	1.82％
信产部公布总移动用户数	38 304	38 816	39 343	39 880	40 436	40 969
信产部公布移动电话普及率％	29.10％	29.10％	30.30％	30.30％	30.30％	30.30％

时间	Oct—05	Nov—05	Dec—05	Jan—06	Feb—06	Mar—06
联通新增 GSM 用户	959	928	949	990	887	958
联通新增 CDMA 用户	262	244	305	317	277	321
联通 GSM 新增用户月变化率%	6%	−3.20%	2.30%	4.30%	−10.40%	8.00%
联通 CDMA 新增用户月变化率%	3.60%	−6.90%	25.00%	3.90%	−12.60%	15.90%
联通 GSM 新增用户同比变化率%	7%	2.50%	7.10%	12.20%	−2.60%	3.90%
联通 CDMA 新增用户同比变化率%	−61.80%	−62.50%	−52.80%	−42.90%	−44.80%	−42.90%
联通月新增用户	1 221	1 172	1 254	1 307	1 164	1 279
中国移动月新增用户	3 903	3 915	3 959	4 072	4 203	4 359
联通新增用户月变化率%	5.40%	−4.00%	7%	4.20%	−10.90%	9.90%
中国移动新增用户月变化率%	0.90%	0.30%	1.10%	2.90%	3.20%	3.70%
移动总新增用户同比变化率%	17.10%	19.90%	19.50%	25.90%	35.70%	34.10%
联通总新增用户同比变化率%	−22.80%	−24.60%	−18.10%	−9.00%	−17.60%	−13.80%
新增用户数（移动＋联通）	5 124	5 087	5 213	5 379	5 367	5 638
月变化率%	1.90%	−0.70%	2.50%	3.20%	−0.20%	5.00%
同比变化率%	4.30%	5.50%	7.60%	15.20%	19.00%	19.10%
移动新增用户市场份额	76.20%	77.00%	75.90%	75.70%	78.30%	77.30%
联通新增用户市场份额	23.80%	23.00%	24.10%	24.30%	21.70%	22.70%
联通新增 GSM 用户占比	18.72%	18.24%	18.20%	18.40%	16.53%	16.99%
联通新增 CDMA 用户占比	5.11%	4.80%	5.85%	5.89%	5.16%	5.69%
人口	130 756	130 756	130 756	130 756	130 756	130 756
移动总渗透率	27.85%	28.24%	28.64%	29.05%	29.46%	29.99%

表3　　　　　　　　　　　**中国移动历史资费变化情况表**

年　份	2002	2003	2004	2005	2006
ARPU（元/月．每人）	115	102	92	90	90
增速（%）	−22.61%	−12.75%	−10.87%	−2.22%	0.00%

表4　　　　　　　　　　　**国际投行预测未来资费变化表**

	2007F	2008F	2009F	2010F	2011F	2012F	2013F	2014F	2015F
Citi Investment Research ARPU（花旗投资研究）ARPu	90	91	90	88	86	85	84	84	82
GS ARPU（高盛 ARPU）	90	89	89	88	86	85	84	82	82
Deutsche Bank ARPU（德意志银行 ARPU）	88	88	87	86	84	83	81	80	79

可参考表4国际投行预测的未来资费变化表，来预测中国移动未来的资费变化。

请根据上述公司分析，找到中国移动估值的关键指标，整理财务数据，建立估值模型。